Kommunizieren im Beruf

1000 nützliche Redewendungen

von Hans-Heinrich Rohrer
und Carsten Schmidt

Klett-Langenscheidt

München

Kommunizieren im Beruf von Hans-Heinrich Rohrer und
Carsten Schmidt

1. Auflage   1   6   5   4   3   2 | 2017 16 15 14

© Klett-Langenscheidt GmbH, München, 2013
Erstausgabe erschienen 2008 bei der Langenscheidt KG, München
Das Werk und seine Teile sind urheberrechtlich geschützt. Jede
Verwertung in anderen als den gesetzlich zugelassenen Fällen bedarf
deshalb der vorherigen schriftlichen Einwilligung des Verlages.

Satz: Franzis print & media GmbH, München
Druck und Bindung: Druckerei A. Plenk KG, Berchtesgaden

ISBN 978-3-12-606189-6

MIX
Paper from
responsible sources
FSC® C005370

Inhalt

Vorwort

Was sind Redemittel?

Redemittel sind feststehende, häufig gebrauchte Ausdrücke und Routineformeln, wie zum Beispiel „Guten Tag!" oder „Darf ich mich vorstellen?".

Als fertige Bausteine geben sie dem Sprecher in der mündlichen und schriftlichen Kommunikation Sicherheit und ermöglichen eine effiziente Verständigung. Für ausländische Lerner und Sprecher haben Redemittel den Vorteil, dass man sich bereits nach kurzer Zeit mit einem verhältnismäßig geringen Repertoire an Standards in bestimmten Situationen verständlich machen kann, ohne ganze Sätze immer wieder neu aus einzelnen Wörtern zusammensetzen zu müssen.

Ein Beispiel: „Ich möchte an dieser Stelle einen Vorschlag machen: ..." – Mit dieser Phrase gewinnen Sie schnell die Aufmerksamkeit Ihres Gesprächspartners, der vielleicht von Ihren Sprachkenntnissen beeindruckt ist. Dann haben Sie etwas Zeit, um Ihren eigentlichen Vorschlag zu formulieren.

Wie ist das Buch aufgebaut und wie kann man damit arbeiten?

Sprache wird immer in bestimmten Kontexten verwendet und somit auch viel leichter im Kontext gelernt. Daher sind in dem Buch die wichtigsten und gebräuchlichsten Redemittel zu 14 Situationen aus dem beruflichen Alltag gesammelt. (Sprachliche Mittel, die man beim Essen im Restaurant oder für die Einladung eines Geschäftspartners benötigt, findet man so z. B. in Kapitel 4.)

Einzelne Redemittel, die in jedem Kontext hilfreich sein können, um etwa eine Verständnisfrage oder ein Kompliment zu formulieren, finden Sie schnell im alphabetischen Teil ab S. 117 (z. B. unter „Verständigung sichern" bzw. „Kompliment"). Hierfür können Sie jedoch auch das englische Register ab S. 195 benutzen.

Wiederholen Sie z. B. vor einer Besprechung oder einer Präsentation das entsprechende Kapitel. Lernen Sie dabei nicht unbedingt alle Redemittel auswendig, sondern suchen Sie sich die Wendungen heraus, die Ihnen gut gefallen und Ihrem persönlichen Stil entsprechen. Üben Sie es, Ihren Text – Ihre Rede oder Ihren Brief – aus einzelnen Redewendungen zusammenzustellen. Manche Redewendungen (vor allem idiomatische) müssen Sie auch nicht lernen, sondern es genügt, wenn Sie sie einmal gehört haben.

Vielleicht wollen Sie auch einmal ein deutsches Sprichwort benutzen oder es mit einem ähnlichen aus Ihrem Land vergleichen. Das ist authentisch und zeigt, dass Sie sich für die Gemeinsamkeiten und Unterschiede zwischen den Kulturen interessieren.

In blauen Infokästen werden Besonderheiten der „D A CH"-Länder insgesamt („D" = Deutschland, „A" = Österreich und „CH" = Schweiz) sowie Unterschiede zwischen ihnen erwähnt.

Bei den „Lerntipps" werden Sie aufgefordert, Ihre eigenen Beobachtungen und Notizen zu machen! Was lesen Sie, was hören Sie von Ihren Kollegen und Bekannten? So gewinnen Sie nach und nach – jeweils ganz aktuell und regional spezifisch – mehr Sicherheit und Sprachverständnis.

Das Buch kann sofort von jedem Deutschlerner (empfohlen ab Niveau B1) benutzt werden und ist auch zur Vorbereitung auf die Prüfungen „Zertifikat Deutsch" und „Zertifikat Deutsch für den Beruf" von „telc" („The European Language Certificates") sowie des Goethe-Instituts geeignet.

Viel Erfolg wünschen

Hans Rohrer und Carsten Schmidt

Abkürzungsverzeichnis

& („und")	et (lateinisch, in Firmennamen)		gez.	gezeichnet (so viel wie: unterschrieben von)
A	Austria (Kraftfahrzeug-kennzeichen für Österreich)		ggf.	gegebenenfalls
AB („A-be")	Anrufbeantworter		idiom.	idiomatisch (bei feststehenden Wendungen)
AHK („A-ha-ka")	Außenhandelskammer		IHK („I-ha-ka")	Industrie- und Handelskammer
asap	as soon as possible (so viel wie: so bald wie möglich; in SMS/E-Mails)		ISO („Iso")	International Organization for Standardization (internationale Normie-rungsorganisation)
bzw.	beziehungsweise		LG	Liebe Grüße (am Ende von SMS/E-Mails)
ca.	circa/zirka (so viel wie: ungefähr)		MEZ	mitteleuropäische Zeit
CH	Confoederatio Helvetica (Kraftfahrzeugkennzeichen für die Schweiz)		M. f. G. / MfG	Mit freundlichen Grüßen (am Ende von SMS/E-Mails)
D	(Kraftfahrzeugkennzeichen für Deutschland)		Nr.	Nummer
D A CH (nur im Lehrbuch)	Deutschland (D), Öster-reich (A) und Schweiz (CH)		reg.	regional
			s. (a.)	siehe (auch)
d. h.	das heißt		S.	Seite
DIN („Din")	Deutsches Institut für Normung e. V.		süddt.	süddeutsch
etc.	et cetera (so viel wie: und so weiter)		TOP („Top")	Tagesordnungspunkt (in Verbindung mit Zahlen: ohne Artikel und ungebeugt)
EU („E-u")	Europäische Union			
e. V.	eingetragener Verein		U. A. w. g.	Um Antwort wird gebeten (z. B. auf Einladungen)
evtl.	eventuell		ugs.	umgangssprachlich
f./ff.	folgende (Seite) / folgende (Seiten)		usw.	und so weiter
			vgl.	vergleiche
fam.	familiär (so viel wie: vertraut)		z. B.	zum Beispiel

Die Abkürzungen ohne Aussprachehinweis kommen nur schriftlich vor; hier wird also jeweils die vollständige Form gelesen und gesprochen (z. B. = „zum Beispiel", nicht: „zet Be").

Situationen im Berufsalltag

1 Begrüßung, Vorstellung, Verabschiedung

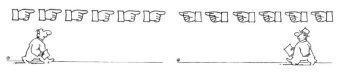

sich selbst vorstellen

- Guten Tag, mein Name ist Leicht / ich heiße Leicht.
- Darf ich mich vorstellen? Mein Name ist Groß, Karl Groß.

sich mit Funktion und Firma vorstellen

- Mein Name ist Claudia Fischer. Ich bin Marketingdirektorin der Firma Frisch.
- Ich bin der neue Verkaufsleiter *(Funktion)* bei … *(Firma)*. Brosch ist mein Name.
- Mein Name ist Kröger. Ich bin der Vertriebsleiter für Norddeutschland.
- Ich arbeite bei … *(Firma)*. / Ich bin tätig im / in der … *(Abteilung)*. Mein Name ist Baumann.
- Ich heiße Karl und studiere Maschinenbau an der TU München.
- (Mein Name ist) Adam, ich bin für den Schweizer Markt zuständig.
- Ich bin die Leiterin der österreichischen Filiale.
- Wir sind ein kleines/mittelständisches/großes/internationales Unternehmen in der …-branche / im Bereich … / in der …-industrie.

auf eine Vorstellung reagieren

- Angenehm, mein Name ist Fuchs.
- Freut mich, Sie kennenzulernen. Mein Name ist Hase. Markus Hase.
- Schön, dass wir uns persönlich kennenlernen, bisher haben wir ja immer nur miteinander telefoniert.

Visitenkarte

- Mein Name ist Meier, hier ist meine Karte.
- Darf ich Ihnen meine Karte geben?
- Hätten Sie vielleicht auch eine Karte für mich?

Personen, Besucher, Unbekannte ansprechen

- Guten Tag! Sind Sie Frau Taler? Wir haben Sie erwartet.
- Entschuldigung! Sind Sie ...?
- Guten Tag! Kann ich Ihnen helfen?
- Grüß Gott! *(süddt.)* Kennen wir uns schon?

offizielle Begrüßung

- Guten Tag! / Guten Morgen! / Guten Abend!
- Meine Damen und Herren, ich darf Sie offiziell begrüßen!
- Es freut mich, Sie hier in unserer Firma begrüßen zu dürfen.
- Im Namen der Firma darf ich Sie herzlich begrüßen!

„Guten Tag!" gilt ganztags bis ca. 18 Uhr, „Guten Morgen!" bis ca. 11 Uhr, „Guten Abend!" ab ca. 19 Uhr. „Gute Nacht!" wird meist nur im familiären Umfeld gebraucht.

andere vorstellen

- Ich möchte Ihnen meinen Kollegen Herrn Hieber vorstellen.
- Darf ich vorstellen: meine neue Kollegin, Frau Schlagmann.
- Das ist Herr Müller. – Herr Müller, das ist Frau Braun.
- Guten Tag, Herr Baumgartner, darf ich Ihnen unsere neue Praktikantin vorstellen? – Das ist Frau Heck.

- Frau Burkart, darf ich Ihnen unseren Kollegen, Herrn Hennes, vorstellen? Er ist unser Servicetechniker.
- Frau Koller, Herr Markwart – ich weiß nicht, ob Sie sich schon miteinander bekannt gemacht haben?
- Herr Direktor Widmann! Darf ich Ihnen unsere neue Kollegin vorstellen? Frau Prager ist für das Sekretariat zuständig.
- Darf ich Sie bekannt machen? Herr Dr. Fischer – Herr Böhm.

- Nach der neueren deutschen Etikette hat die berufliche Position einen höheren Stellenwert als das weibliche Geschlecht, also wird zuerst der Direktor, dann die Dame vorgestellt. In Situationen, in denen die Positionen nicht bekannt oder nicht so wichtig sind, wird die Dame zuerst vorgestellt.

- In Deutschland und der Schweiz wird in der Regel nur ein Doktor- oder Professorentitel genannt, in Österreich öfter auch der Magister (bei der ersten Anrede).

- Das ist mein guter Freund Ludwig – Ludwig Erhardt. Herr Erhardt und ich kennen uns vom Studium.
- Darf ich vorstellen: Frau Müller-Leine.

In Deutschland können Personen (Männer wie Frauen) bei der Eheschließung entweder den eigenen Namen behalten, den Namen des Partners annehmen oder den eigenen Namen dem des Partners voran- oder auch nachstellen (= Doppelname). Der Geburtsname von Frau Müller-Leine kann also entweder Müller oder Leine sein. Der Name des Partners steht aber meistens hinten.

Anredeform *(s. a. Kap. 9, 10 u. 12)*

- Also, bei uns verwendet man (zwischen Mitarbeitern) meistens/häufig das Du.
- In der Regel sprechen sich bei uns die Kollegen mit „Herr und Frau Sowieso" an.
- Wir sprechen uns hier mit dem Vornamen und Sie an.

Bekannte grüßen, nach gemeinsamen Bekannten fragen

- Hallo, Gerd! Wie geht's dir? *(fam./ugs.)*
- Grüß dich! *(ugs.)*
- Guten Tag!
- Haben Sie etwas von Herrn Meier gehört?
- Wie geht es Frau Ziegler?
- Was macht eigentlich Herr Geisler? Hat er sich in Ihrer Abteilung gut eingearbeitet?

nach dem Befinden fragen und reagieren

- Wie geht's?
- Wie geht es Ihnen?

  □ Danke, gut! Und Ihnen?
  □ Ausgezeichnet!
  □ Vielen Dank, sehr gut!
  □ Ich kann nicht klagen.
  □ Außer einer kleinen Erkältung ist alles in Ordnung!

- Was gibt es Neues?
  □ Nichts Besonderes.
- Wie geht es der Familie?
- Lange nicht gesehen!

Auf die Frage „Wie geht es Ihnen?" wird immer eine positive Reaktion erwartet. Nur bei sehr guten Bekannten kann man auch von weniger guten Situationen, Krankheiten oder Unglück berichten.

sich verabschieden

- Auf Wiedersehen!
- Wiederschauen! *(reg.)*
- Es hat mich sehr gefreut, Sie zu treffen.
- Ich darf/möchte mich verabschieden!
- Auf Wiedersehen! Bis zum nächsten Mal!
- Bis nächsten Dienstag!
- Bis bald! / Bis morgen!
- Tschüss!/Tschau!/Tag! *(ugs.)*
- Servus! *(ugs., südd./österr.)*

11

Neben „Tschüss!", „Tschau!" und „Servus!" gibt es noch eine Menge regionaler und Dialektvarianten, die man aber erst verwenden sollte, wenn man sicher ist, dass man damit den „richtigen Ton" trifft.

Dasselbe gilt für weitere Gruß- und Abschiedsformeln, die je nach Branche, Alter, Region, Bekanntheitsgrad oder auch Mode (aktuell z. B.: „Einen schönen Tag noch!") variieren können. Auch hier sind bei den ersten Kontakten die Standardformeln jedoch empfehlenswerter als auf der Straße zufällig Gehörtes.

gute Wünsche und Grüße auftragen und ausrichten

- Bitte grüßen Sie auch Ihre Kollegin Frau Frisch von mir!
- Grüßen Sie auch Ihre Frau von mir!
- Herr Direktor Müller lässt Sie herzlich grüßen, er ist heute leider nicht im Haus.
- Vielen Dank, ich werde es ausrichten.
- Ja, danke, grüßen Sie ebenfalls die Kollegen von uns.

sich mit guten Wünschen begegnen/verabschieden

- Ich wünsche Ihnen einen schönen Tag!
- Schönen Feierabend! / Schönes Wochenende! / Schöne Feiertage!
- Frohe Ostern! / Frohe Pfingsten! / Frohe Weihnachten!
- Ein gutes neues Jahr! / Alles Gute für 20... / im neuen Jahr!
- Gute Fahrt! / Gute Reise! / Guten Flug!
- Alles Gute!
- Gesundheit! *(wenn das Gegenüber niest)*
- Gute Besserung! *(beim Abschied von Kranken)*
- Viel Erfolg!
- Viel Spaß! / Viel Vergnügen!

auf gute Wünsche reagieren

- Danke! Vielen herzlichen Dank!
- Danke, gleichfalls/ebenfalls.

Sprichwörter und Redensarten zu „Anfang"/„Beginn"

„Frisch gewagt ist halb gewonnen", oder: „Morgenstund hat Gold im Mund", kann man sagen, um auszudrücken, dass vom Anfang sehr viel abhängt. Wenn der Anfang gelingt, stehen auch die Chancen für alles Weitere gut.

Lerntipps

Wen kenne ich und wie spreche ich die Personen an? Was habe ich auf der Straße gehört/beobachtet?

Name	Anrede mit „Du"	Anrede mit „Sie"	Wie ist die gesellschaftliche Regel?
Frau Sowieso		„Sie"	ältere Kollegin in der Firma

- *Die Anrede mit „Sie" ist in jedem Fall korrekt und grammatisch einfacher, denn hierbei wird immer die gleiche Form wie auch beim Infinitiv benutzt:*
  „**Können** Sie mir helfen?" *(statt:* „**Kannst** du mir helfen?"*)*

- *Natürlich gibt es von den allgemeinen gesellschaftlichen Regeln immer auch Abweichungen, z. B. in bestimmten Jugend- oder Firmenkulturen.*

- *Manchmal hören Sie auch Grußformeln, die Sie nicht im Lehrbuch oder im Unterricht gelernt haben. Fragen Sie Ihre Kollegen oder den Lehrer, wann Sie diese benutzen können und ob es vielleicht regionale Varianten sind.*

Grußformel	kulturelle Variante	regionale Variante
„Grüezi!"		Schweizerdeutsch
„Tschö!"	reg. für „Tschüss!"	rheinische Mundart
„Servus!"	traditioneller Gruß	in Bayern und Österreich

2 Termine, Verabredungen, Tagesplanung

DER VORTRAG ÜBER ERFOLGREICHES ZEITMANAGEMENT BEGINNT WEGEN EINER TERMINKOLLISION DES VORTRAGENDEN UM EINE STUNDE SPÄTER!

um einen Termin bitten *(direkt oder über Sekretariat/Empfang)*

- Ich würde Sie gerne besuchen. Wann würde es Ihnen passen?
- Ich würde gerne einen Termin mit Frau Fischer vereinbaren.
- Ich hätte gerne einen Termin bei Herrn Direktor Kubosch.
- Haben Sie vielleicht in der nächsten Woche einmal Zeit?

einen Termin vereinbaren/vorschlagen/bestätigen

- Welcher Tag würde Ihnen passen? Eher vormittags oder nachmittags?
- Wäre Ihnen der 10. März recht?
- Wie sieht es bei Ihnen nächsten Mittwoch aus?
- Was halten Sie von Donnerstagvormittag?
- Haben Sie schon am Dienstagabend etwas vor?
- Ich schlage für unser Treffen die KW zwölf / die zwölfte Kalenderwoche vor.

- Um welche Zeit wäre   □ Gut, sagen wir um 11 Uhr.
  es am besten?
  Wie wär's um 11 Uhr?
- Der Termin am Montag um 14 Uhr passt mir sehr gut.
- Ja, mittwochs um 12 würde es gut passen.
- Ja, da habe ich Zeit. / Einverstanden!
- Ich schlage vor, wir treffen uns in meinem Büro, in der
  Ludwigsstraße 15.
- Am besten treffen wir uns gleich am Flughafen in der
  Airport-Lounge.
- Ich kann Sie auch gerne im Hotel abholen und dann fahren wir
  zu unserer Firma.
- Ich erwarte Sie dann um 10 Uhr in unserer Firma.
- Also, wir treffen uns dann am Mittwoch um 10 Uhr bei Ihnen.
- Also noch einmal zur Sicherheit: Mittwoch, den 14. Oktober
  um 10 Uhr in Ihrer Niederlassung in München.
- Können Sie mir den Termin bitte schriftlich bestätigen? Danke!

Gegenvorschläge

- Tut mir leid, aber dienstags passt es bei mir nicht. Geht es am
  Mittwoch?
- Donnerstag habe ich leider keine Zeit, aber wie wäre es am
  Freitag?
- Schade, da geht es bei mir nicht, aber vielleicht am Montag?
- Am Montag habe ich schon etwas vor, besser wäre der Dienstag.
- Vormittags habe ich schon eine Besprechung, aber nachmittags
  hätte ich für Sie Zeit!
- Der Zwölfte *(Tag des Monats)* ist schon belegt, am Dreizehnten
  stehe/stünde ich zur Verfügung.

einen Termin absagen/verschieben

- Es tut mir sehr leid, ... / Entschuldigen Sie bitte, ...
  - aber ich muss den Termin am Fünfzehnten leider absagen.
  - wir müssen unser Treffen verschieben.
  - könnten wir unsere Verabredung um eine Woche verschieben?

- wir waren am dreizehnten Mai verabredet. Ich möchte Sie um einen neuen Termin bitten.
- das Flugzeug hat vier Stunden Verspätung. Können wir uns noch treffen oder sollen wir gleich einen neuen Termin vereinbaren?
- ich verspäte mich um circa 30 Minuten. Bitte informieren Sie Frau Meyer, dass ich etwas später komme.
- ■ Also abgemacht/einverstanden: Unser neuer Termin ist jetzt am … um …
- ■ Ich halte mir dann den Nachmittag für Sie frei.

bei der Anmeldung / am Empfang

- ■ Kann ich Ihnen helfen?
- ■ Kann ich (Ihnen) behilflich sein?
- ■ Würden Sie mir bitte Ihren Namen sagen?
- ■ Wen darf ich melden?
- ■ Sind Sie angemeldet? Haben Sie einen Termin?
- ■ Bitte füllen Sie den Besucherausweis aus!
- ■ Mein Name ist Fred Auger, …
  - ich habe um 10 Uhr einen Termin bei Frau Bode.
  - ich komme von der Firma Calor und bin um 11 Uhr mit Herrn Dries verabredet. Können Sie mich bitte bei ihm anmelden?
  - ich möchte gerne zur Personalabteilung.
  - wo finde ich bitte das Labor?
- ■ Einen Moment bitte! Ich rufe Frau Bauer an.
- ■ Bitte nehmen Sie noch einen Moment Platz! Frau John holt Sie ab.
- ■ Gehen Sie bitte hier entlang. In Zimmer 21 wartet Herr Lang auf Sie.
- ■ Bitte folgen Sie mir! Ich begleite Sie in den Konferenzraum.
- ■ Tut mir leid, Herr Brand ist gerade nicht am Platz, …
  - aber seine Assistentin wird Sie gleich abholen / in Empfang nehmen.
  - kann ich Ihnen in der Zwischenzeit etwas zu trinken anbieten?
  - wollen Sie noch einen Moment Platz nehmen?

Agenda, Vorstellung der Tagesordnung *(s. a. Kap. 9)*

- Vielen Dank, dass Sie der Einladung zu dieser Konferenz/Sitzung gefolgt sind.
- Unsere Themen sind heute: ...
- Für das heutige Meeting stehen folgende Themen auf der Tagesordnung: ...
- Vormittags werden wir die Berichte zu ... hören.
- Im Anschluss an die Kaffeepause können wir dann die neuen Werbemittel kennenlernen.
- Nach der Mittagspause werden wir eine Diskussion über unsere Werbestrategien haben.
- Am Abend haben wir ein gemeinsames Abendessen geplant.
- Für den morgigen Tag ist eine Führung durch die Firma / das Werk geplant.
- Am Nachmittag haben wir dann noch Zeit für ...
- Ich möchte heute über das Thema ... sprechen.
- Zu Beginn meiner Präsentation / meines Referats möchte ich Ihnen ... zeigen/vorstellen.
- Zunächst möchte ich einen kurzen Überblick über ... geben.
- Mein Vortrag / Meine Präsentation besteht aus folgenden Teilen:
  - Am Anfang werde ich über ... sprechen,
  - dann über ...
  - und zuletzt über ...

Zum Thema „Tages- und Wochenplanung": S. Kap. 8!

Sprichwörter und Redensarten zu „Zeit" und „Pünktlichkeit"

- *Der Umgang mit Zeit und Pünktlichkeit ist kulturell, aber auch immer individuell unterschiedlich.* „Dem Glücklichen schlägt keine Stunde" – *kann man vielleicht hören, wenn jemand vor lauter Freude und guter Laune einen Termin vergessen hat.*

- *In aller Regel aber gilt:* „Pünktlichkeit ist die Höflichkeit der Könige" – *also etwas, worum man sich in jedem Fall bemühen sollte. Gerade in der Geschäftswelt von „D A CH" ist die Einhaltung von Terminen und Verabredungen insgesamt sehr wichtig und geht manchmal sogar vor allen anderen Kriterien.*

- *Auch* „etwas auf die lange Bank zu schieben", *d. h. Dinge auf unbestimmte Zeit oder länger als nötig zu verzögern, wird schnell als unhöflich empfunden.*

Lerntipps

Was haben Sie beobachtet und vielleicht gehört, wenn jemand einen Termin nicht einhalten konnte? Wie war die Reaktion Ihrer deutschen Partner? Fragen Sie dazu Ihren Deutschlehrer oder einen Kollegen, wann man vielleicht die eine oder andere Redewendung gebrauchen kann!

Redewendung	Situation	Bemerkung
„Jetzt wird es aber langsam Zeit!"	jüngerer Mitarbeiter kommt 30 Minuten zu spät	ugs., nur zu jüngeren Kollegen und solchen, die in der Hierarchie weiter unten stehen

3 Orientierung und Reisen

- Guten Tag, ich suche die Lindenstraße.
- Entschuldigung, wo finde ich den Kaiserplatz?
- Können Sie mir bitte sagen, wie ich zur Oper komme?
- Welche U-Bahn fährt zum Bahnhof?
- Wie komme ich am besten zum Flughafen? Mit dem Bus oder der S-Bahn?
- Wie lange dauert es mit dem Taxi zur Messe?

einen Weg beschreiben

- Gehen Sie zuerst geradeaus bis zur Kreuzung und gehen Sie dann nach links.
- Fahren Sie auf dieser Straße bis ... und biegen Sie dann nach rechts ab.
- Auf der linken Seite sehen Sie ..., biegen Sie dort nach links ab.
- Das ist nicht weit, Sie können zu Fuß gehen, gerade durch den Park.
- Haben Sie ein Navi / ein Navigationsgerät? Dann geben Sie bitte ... ein!

Hotel

nach einem Zimmer fragen

- Haben Sie ein Zimmer für zwei Personen für drei Nächte?
- Wie viel kostet ein Einzel-/Doppelzimmer bei Ihnen?
- Ist das Frühstück im Preis eingeschlossen/inklusive oder extra?
- Ich möchte gerne für den 10. Oktober zwei Einzelzimmer reservieren.

an der Rezeption

- Mein Name ist Maier.   □ Haben Sie ein Zimmer reserviert?
- Ja, wir haben ein
  Doppelzimmer bis
  zum 20. 10. reserviert.
- Können Sie bitte die Reservierung bestätigen.
- Wie wollen Sie bezahlen? Mit Kreditkarte oder bar?
- Bitte füllen Sie den Anmeldeschein aus.
- Bitte tragen Sie sich hier ein.

um Dienstleistungen bitten

- Wo gibt es hier bitte Frühstück?
- Haben Sie auch einen Fitnessraum?
- Gehört zu Ihrem Hotel auch eine Garage?
- Gibt es hier ein Businesscenter oder haben alle Zimmer Internet-anschluss?
- Können Sie mir bitte ein Taxi bestellen?
- Kann ich hier eine Nachricht für Frau Simon hinterlassen?

eine Reise buchen

- Ich möchte mich nach den Zugverbindungen erkundigen.
- Wann geht der nächste Zug nach Frankfurt?
- Ich möchte einen Flug   □ Einfach? Oder hin und zurück?
  nach Berlin buchen.
- Leider muss ich meinen Flug verschieben. Wann geht eine spätere Maschine nach München?

Sprichwörter und Redensarten zu „Reisen"

- „Wenn einer eine Reise tut, dann kann er was erzählen!"
  Die Deutschen gelten als „Weltmeister im Reisen". In erster Linie geht es ihnen dabei um Erholung, aber daneben ist das Reisen in „D A CH" auch Teil der Bildungstradition: Früher gingen auch Lehrlinge der Handwerker auf die „Walz" – auf eine Reise in andere Städte oder Länder, um dort neue Kenntnisse zu erwerben. Heute machen viele Deutsche sogenannte Studienreisen in alle Welt, um z. B. historische Kulturen kennenzulernen.

- „Wissen, wohin die Reise geht" – *kann jemand, der weiß, was geplant ist und was die Zukunft bringen wird.*

4 Gastfreundschaft, Einladungen, Essen im Restaurant

„Entschuldigung, is da no frei?"

Einladung

- Ich würde Sie heute gerne zum Mittagessen einladen.
- Darf ich Sie und Ihre Kollegen zum Abendessen einladen?
- Haben Sie für morgen Abend schon etwas vor? Meine Frau und ich würden uns freuen, wenn Sie zum Abendessen kämen.
- Darf ich Sie im Namen unserer Firma für heute, 19 Uhr, ins Restaurant Adler einladen?

eine Einladung annehmen

- Sehr gerne. Vielen Dank für die Einladung!
- Das ist sehr nett, ich komme gerne!
- Gerne. Ich freue mich.

eine Einladung ablehnen

- Leider kann ich die Einladung nicht annehmen, ich habe nämlich …
- Ich würde gerne kommen, aber …
- Leider geht es man Mittwoch nicht, weil …

- Vielen Dank für die Einladung, aber leider haben wir schon
  eine Verabredung.

auf eine Zu- oder Absage reagieren

- Es freut mich, wenn Sie kommen können.
- Gut, dann sehen wir uns heute um 18 Uhr 30.
- Das ist schade, dass Sie heute nicht können, aber passt es
  vielleicht morgen?
- Na ja, vielleicht geht es ein anderes Mal / ein andermal.

Gäste begrüßen, Getränke und einen Imbiss anbieten

- Guten Abend, und herzlich willkommen!
- Hier ist die Garderobe. Darf ich Ihnen den Mantel abnehmen?
- Es freut mich, … / Wie schön, dass Sie kommen konnten.
- Bitte kommen Sie herein!
- Bitte setzen Sie sich! / Bitte nehmen Sie Platz!
- Vielleicht wollen Sie hier Platz nehmen?
- Darf ich Ihnen einen Aperitif anbieten?

Meist weist der Gastgeber seinen Gästen die Plätze zu. Allgemein
ist die Sitzordnung aber nicht so streng festgelegt wie z. B. in
manchen asiatischen Ländern.

den/die Gastgeber begrüßen

- Herzlichen/Vielen Dank für die freundliche Einladung!
- Wir haben eine Kleinigkeit aus unserem Heimatland mitgebracht.
- Darf ich Ihnen ein paar Blumen überreichen?

Kleine Geschenke oder Spezialitäten aus der Heimat sind immer
willkommen, ebenso Blumen und Süßigkeiten. Größere Geschenke sind meist nicht angebracht und könnten evtl. missverstanden
werden. Bei Beamten und in vielen Firmen ist genau festgelegt,
bis zu welchem Wert (meist 50,– Euro) sie Geschenke und
Einladungen annehmen dürfen.

Getränke und Essen anbieten

- Darf ich Ihnen etwas / einen Drink anbieten?
- Was möchten Sie trinken?
- Trinken Sie Wein oder Bier? Oder möchten Sie lieber keine alkoholischen Getränke?
- Als Vorspeise möchte ich Ihnen diese Spezialität aus unserer Region empfehlen.
- Möchten Sie noch ein Glas / noch ein Stück Kuchen / noch etwas?

ein Essen/Getränk ablehnen

- Vielen Dank! / Nein danke!
- Im Augenblick nicht, vielleicht später.
- Vielen Dank, bitte keinen Wein mehr, ich muss noch fahren.
- Vielen Dank, ich bin wirklich satt, aber das Essen war ausgezeichnet.

Tischformeln und Trinksprüche

- Zum Wohl!
- Prost/Prosit!
- Trinken wir auf das Wohl unserer verehrten Gäste / unserer charmanten Gastgeberin / auf den Erfolg unseres Projekts!
- Lassen Sie uns auf den Gastgeber / das Projekt … anstoßen!
- Meine Damen und Herren, darf ich zu Tisch bitten!
- Guten Appetit! □ Vielen Dank, gleichfalls/ ebenfalls!
- Lassen Sie es sich schmecken!
- Bitte bedienen Sie sich / greifen Sie zu!

- „Mahlzeit!" hört man öfter in großen Firmen oder Behörden, wo die Mitarbeiter in einer Kantine essen. In einem Restaurant wäre es nicht passend.

- In „D A CH" ist es durchaus üblich, dass man sich am Tisch auch selbst bedient, sofern das in einem Restaurant nicht die Bedienung macht.

- Schmeckt es Ihnen? /   ☐ Ja, sehr gut / ausgezeichnet!
  Schmeckt's? *(fam.)*
- Wie schmeckt Ihnen der Fisch?
- Darf ich Ihnen noch etwas vorlegen?
- Was darf ich Ihnen noch anbieten?
- Möchten Sie noch etwas Wein?
- Bitte probieren Sie: Das ist ein Spezialität aus der Gegend!
- Das habe ich noch nie gegessen, aber es schmeckt
  ausgezeichnet / sehr gut / vorzüglich!
- Das Essen / Die Nachspeise schmeckt köstlich!
- Danke, es schmeckt vorzüglich, aber ich bin wirklich satt.
- Der Wein ist ganz hervorragend, aber ich möchte nicht mehr.

- Ich danke / Wir danken Ihnen ganz herzlich für die Einladung!
- Herzlichen Dank für Ihre Gastfreundschaft!
- Es war ein sehr schöner Abend, ich denke aber, wir
  müssen jetzt langsam gehen!
- Es hat mich sehr gefreut, dass wir uns einmal privat
  getroffen haben.
- Müssen Sie wirklich   ☐ Vielen Dank, der Abend war sehr
  schon gehen?   schön, aber ich möchte jetzt
  Es ist doch gerade   doch gehen.
  so gemütlich!   ☐ Ich habe noch einen weiten Weg
                          vor mir / heute einen anstren-
                          genden Tag gehabt / morgen viel
                          vor mir.

Bei privaten Einladungen gibt es manchmal einen etwas eher
offiziellen Teil mit Essen und einen eher „gemütlichen",
inoffiziellen Teil, zu dem dann z. B. Kaffee oder Drinks serviert
werden. Wann und ob dabei jeweils über geschäftliche oder
private Themen gesprochen wird, ist jedoch nicht genau
festgelegt.

- Es war ein sehr schöner Abend. Ich möchte Sie das nächste Mal zu uns einladen.
  □ (Es) Freut uns, dass es Ihnen gefallen hat.
- Auf Wiedersehen, und kommen Sie gut nach Hause!
- Gute Nacht!

im Restaurant

einen Tisch reservieren / einen reservierten Tisch einnehmen

- Ich möchte für Freitag, 19 Uhr, einen Tisch für vier Personen reservieren.
- Wir hätten gern einen Tisch für acht Personen reserviert, wenn möglich am Fenster.
- Bitte reservieren Sie auf den Namen Dachs, Firma Bayer.
- Guten Abend, wir haben einen Tisch auf den Namen Müller bestellt/reserviert.
  □ Bitte folgen Sie mir! – Hier ist Ihr Tisch!

die Bedienung ansprechen

- Herr Ober!
- Bedienung bitte!
- Können Sie uns bitte die Karte bringen!
- Was können Sie uns heute empfehlen?

Für die weiblichen Bedienungen gibt es derzeit keine passende Bezeichnung. „Fräulein" oder „Bedienung" sind möglich, aber immer weniger gebräuchlich. Meist signalisiert man durch ein dezentes Handzeichen, dass man einen Wunsch hat.

Fragen des Kellners

- Möchten Sie einen Aperitif?
- Haben Sie vielleicht schon einen Getränkewunsch?
- Haben Sie schon gewählt?
- Was möchten Sie als Vorspeise / als Hauptspeise / als Nachtisch?
- Möchten Sie im Anschluss einen Kaffee oder Espresso?

Speisen und Getränke auswählen und bestellen

- Was können Sie uns empfehlen?
- Können Sie mir bitte sagen, was ein … ist?
- Ich hätte gerne ein kleines Bier und einen Rostbraten.
- Wir nehmen beide ein Wiener Schnitzel mit einem kleinen Salat.
- Zum Trinken hätten wir gerne einen trockenen Weißwein.
- Als Nachtisch/Dessert bringen Sie uns bitte ein kleines Eis mit Sahne.

Die Bier- und Weinkultur ist in „D A CH" ausgesprochen vielfältig und regional sehr unterschiedlich. Das gilt sowohl mit Blick auf die zahlreichen Getränkespezialitäten als auch was Gläserformen und -größen betrifft.

reklamieren

- Herr Ober, können wir bitte einen anderen Tisch bekommen?
- Entschuldigung, Herr Ober, das Essen ist kalt.
- Herr Ober, da muss ein Versehen passiert sein, ich hatte Huhn bestellt, keinen Braten.
- Das Essen ist nicht in Ordnung, ich möchte es zurückgehen lassen.

die Rechnung bezahlen und Trinkgeld geben

- Wir möchten gerne zahlen! / Die Rechnung bitte!
- Sie sind mein Gast – ich darf Sie heute einladen!
- *(Kellner:)* Das macht 45,50 €. *(sprich:* 45 Euro 50)
- Bitte geben Sie mir eine Bewirtungsrechnung.

□ *(Kellner:)* Zusammen oder getrennt?
□ *(Geschäftsfreund:)* Oh, vielen Dank! Dann bin das nächste Mal ich dran! / Nächstes Mal will ich mich aber revanchieren!
□ Kann man auch mit Kreditkarte bezahlen oder akzeptieren Sie nur Bargeld?

Bei geschäftlichen Einladungen zahlt in der Regel der Gastgeber, bei privaten Treffen ist es auch möglich, dass jeder sein Essen und die Getränke selbst bezahlt. Normal sind in „D A CH" 5 bis max. 10 % Trinkgeld, wenn man mit dem Service zufrieden ist. Bei einer Rechnung über 45,50 Euro kann man sich zum Beispiel auf 48,– Euro herausgeben lassen oder etwas großzügiger auf 50 Euro aufrunden.

Sprichwörter und Redensarten zu „Essen"

- „Nach dem Essen sollst du ruh(e)n oder tausend Schritte tun."
  Dieses Sprichwort empfiehlt eine kleine Ruhepause oder einen Spaziergang nach dem Essen – was allerdings in der Berufswelt von „D A CH" leider wenig üblich ist.

- „Es wird nichts so heiß gegessen, wie es gekocht wird" – *d. h., dass nicht alles so schlimm kommt, wie man es sich vorgestellt hat.*

5 Small Talk – privat und beruflich

Kontakt aufnehmen *(Fragen an den Besucher)*

- Sind Sie das erste Mal hier?
- Hatten Sie eine gute Reise / einen angenehmen Flug?
- Ich hoffe, Sie hatten eine angenehme Reise!
- Sind Sie mit dem Hotel zufrieden?
- Haben Sie gut geschlafen? / Gut geschlafen? *(fam.)*
- Kennen Sie schon unsere Gegend?
- Wie gefällt es Ihnen hier?
- Wie ist denn Ihr erster Eindruck?
- Wie gefällt es Ihnen bei uns in …?
- Verstehen Sie eigentlich Deutsch / unsere Sprache?

Eindrücke beschreiben, Länder vergleichen *(s. a. Kap. 12)*

- Hier gibt es wirklich viel Wald.
- Ich bin sehr beeindruckt von …
- Es überrascht mich sehr, dass …
- Bei uns in … haben wir mehr/weniger Autobahnen als hier.
- Bei uns in Frankreich trinkt man lieber Wein als Bier.
- Wie ist das eigentlich bei Ihnen?

- Haben Sie auch ein Tempolimit für Autos in Ihrem Land?
- Welche Trends sind denn bei Ihnen zurzeit in Mode?
- Ich weiß nicht genau, wie das bei Ihnen heißt, aber bei uns sagt man dazu …

Persönliches

- Woher stammen Sie eigentlich?
- Haben Sie Familie?

□ Ich komme aus … / aus der Gegend von …
□ Ja, ich bin verheiratet.
□ Nein, ich bin Single.
□ Ich bin nicht verheiratet, lebe aber mit meinem Partner / meiner Partnerin zusammen.

- Haben Sie Kinder?
- Wie alt sind Ihre Kinder?
- Was machen Ihre Kinder?
- Arbeitet Ihre Frau auch?

□ Ja, aber meine/unsere Kinder sind schon erwachsen und aus dem Haus.
□ Ja, sie arbeitet von zu Hause aus.

Arbeit und Beruf

- Was machen Sie beruflich?
- Wie geht es denn in der Firma?
- Was gibt es denn Neues in der Firma?

Die Fragen nach Beruf, Familienstand oder Position sind in „D A CH" erlaubt. Die Frage nach der Höhe des Einkommens ist in aller Regel aber tabu. Gesprächsthemen, die oft etwas über den Status der Personen verraten, sind z. B. Wohn- und Firmenadresse, Auto, Kleidung oder auch Schule und Ausbildung der Kinder.

Wohnen, Freizeit und Urlaub

- Wohnen Sie in der Stadt oder auf dem Land?

□ Ich wohne ganz im Zentrum.
□ Wir haben vor zwei Jahren am Stadtrand ein Reihenhaus gebaut.

33

- Was kann man hier am Wochenende / in der Freizeit / am Abend machen?
- Wo kann man hier am besten … einkaufen?
- Was gibt es hier für typische Souvenirs?
- Wo kann man hier denn abends hingehen / ausgehen / gut essen / tanzen?

■ Gibt es hier etwas, was ich unbedingt sehen sollte?	□ Unser neues Kunstmuseum hat gerade eine Ausstellung über … eröffnet.
	□ Das neue Fußballstadion ist eine Besichtigung wert.
■ Was machen Sie eigentlich in Ihrer Freizeit?	□ Am Wochenende gehe ich gerne Golf spielen.
	□ Im Urlaub fahren wir mit den Kindern ans Meer.
	□ Ich bin im Fahrradklub/ Tennisverein.
	□ Am liebsten bin ich in meinem Garten.
■ Wohin fahren Sie dieses Jahr in Urlaub?	□ Am liebsten fahren wir in den Süden / nach …

- Beruf und Freizeit sind normalerweise deutlich getrennt; Arbeitskollegen und ihre Familien verbringen ihre Freizeit eher selten zusammen.

- Für die organisierte Freizeit gibt es in „D A CH" zahlreiche Vereine (Alpen-, Wander-, Kleingarten-, Schützen-, Ruder-, Fußball-, Gesangsvereine etc.), bei denen man für einen relativ geringen Beitrag Mitglied werden und sich an allen Aktivitäten beteiligen kann.

Wetter

- Heute haben wir mit dem Wetter ja richtig Glück!
- Das ist ja typisch – schon wieder Regen!
- So ein Mistwetter! *(ugs.)*

■ Heute ist es sehr heiß/warm/windig/stürmisch.
■ Ist dieses Wetter typisch für diese Jahreszeit?

Das Wetter ist in „D A CH" eines der beliebtesten Themen für Small Talk oder bei der Gesprächseröffnung.

Sprichwörter und Redensarten zu „Wetter" und „Freizeit"

• „bei jmdm. gut Wetter machen" / „um gut Wetter bitten" – *versuchen, jemanden durch Komplimente oder gutes Zureden (für die eigenen Zwecke) positiv zu beeinflussen*

• „Bei gutem Wetter kann jeder leicht Steuermann sein": *Echte Führungsqualitäten zeigen sich noch nicht unter günstigen Bedingungen, sondern erst, wenn die Lage schwierig wird.*

• „Wochenend' und Sonnenschein, und dann mit dir im Wald allein ..." – *so begann ein populärer Schlager in Deutschland zu Beginn der Dreißigerjahre. Auch heute spielt das Wochenende für die Deutschen eine große Rolle. Viele fahren in die Natur, an die Seen oder in die Berge, gehen im Wald spazieren oder treiben Sport (bis hin zu Extremsportarten).*

Lerntipps:

Hören und beobachten Sie, was Ihre deutschen Kollegen sagen, wenn sie sich nur kurze Zeit oder außerhalb des Betriebs treffen bzw. begegnen, z. B. in der U-Bahn, im Aufzug, auf dem Gang, in der Kantine etc. Was sind die Themen, welche Wendungen werden benutzt?

Situation	Thema	Wendung
Begegnung mit Kollegen am Montagmorgen	Small Talk	„Na, wie war das Wochenende?"

6 Telefonieren

anrufen, sich am Telefon vorstellen

- Kaiser, Langenscheidt KG, guten Morgen!
- Guten Tag, hier Fischer, Kanzlei Winter.
- Walser, guten Tag!

angerufen werden, sich am Telefon melden

- Mair.
- Mair *(Name)*, Franckenfeldt AG *(Firma)*, guten Tag!
- Rechnungswesen *(Abteilung)*, Müller. Was kann ich für Sie tun?
- Apparat Schmidt, es spricht Frau Kraft!
- Bei Fritz!

Jemand, der im Büro ans Telefon eines Kollegen geht, weil dieser
gerade nicht an seinem Platz ist, meldet sich mit „Apparat ...
(Name des Kollegen)" und nennt dann seinen eigenen Namen.
Jemand, der – bei sehr guten Bekannten oder in Notfällen – in
einer fremden Wohnung den Telefonhörer abnimmt, kann sich
mit „Hier bei ... *(Name des Bekannten)*. Sie sprechen mit ...
(eigener Name)" melden.

nach dem Namen fragen

- Wer spricht bitte? / Mit wem spreche ich bitte?
- Spreche ich mit …?
- Wie war der Firmenname / der Name der Firma?
- Wen darf ich melden? *(um zu verbinden / weiterzuleiten)*
- Bin ich richtig verbunden mit …?
- Ist das die Nummer / der Anschluss der Firma Taler?

jemanden am Telefon verlangen

- Kann ich bitte mit Frau Stephanie Berger sprechen?
- Ich hätte gerne Herrn Fliege gesprochen.
- Ist Herr Will vom Einkauf zu sprechen / im Haus?
- Ist das der (Telefon-)Apparat von Frau Neunzer?
- Bitte verbinden Sie mich mit Frau Direktor Linde!
- Kann ich bitte mit Ihrer Buchhaltung sprechen?
- Wer ist bei Ihnen für den Kundendienst zuständig?
- Können Sie mich bitte mit dem Einkauf verbinden?

weiterverbinden, Hilfe anbieten

- Ich verbinde Sie (weiter) mit Herrn Engel.
- Einen Augenblick, ich verbinde Sie gerne mit …
- Ich stelle Sie zu Frau Semper durch … – Frau Semper spricht gerade. Wollen Sie einen Moment warten? – Ich gebe Ihnen die Durchwahlnummer, dann können Sie später direkt anrufen. Die Durchwahl ist 23 *("zwo – drei" oder "dreiundzwanzig")*.
- Der Anschluss ist besetzt, wollen Sie warten?
- Bitte bleiben Sie am Apparat!
- Frau Biene ist den ganzen Tag in einer Besprechung / unterwegs / bei einem Kunden / auf einer Dienstreise. Kann ich etwas für Sie tun / etwas ausrichten?
- Frau Hummel ist gerade zu Tisch. Sie ist ab 14 Uhr wieder zu erreichen.
- Herr Grill ist noch den ganzen Juni/Juno in Urlaub. Darf ich Sie mit seiner Vertretung verbinden?

- In dieser Frage können Sie sich aber auch gerne an den Vertreter von Frau Schneider, Herrn Laub, wenden.
- Geht in Ordnung, ich habe Ihre Anfrage notiert und leite sie an unseren Service weiter.
- Ich sage Frau Weiss Bescheid, dass Sie angerufen haben.
- Wollen/Möchten Sie eine Nachricht hinterlassen? Herr Lüders wird Sie dann umgehend zurückrufen.
- Worum geht es denn? Vielleicht kann ich Ihnen helfen?
- Frau Meise ist gerade nicht am Platz. Kann sie Sie zurückrufen? Unter welcher Nummer sind Sie zu erreichen?

Statt „zwei" wird oft „zwo" gesagt, um eine Verwechslung mit „drei" zu vermeiden. Um den Unterschied zu „Juli" zu verdeutlichen, kann für „Juni" auch „Juno" gesagt werden.

antworten, um einen Rückruf bitten

- Vielen Dank! Ich rufe dann später noch einmal an.
- Nicht nötig, ich versuche es dann später noch einmal.
- Wissen Sie, wann Herr Michel wieder erreichbar sein wird?
- Wenn es möglich wäre, würde ich Herrn Steffens gerne eine Nachricht hinterlassen.
- Kann ich Frau Stoll vielleicht mobil / über ihr Handy erreichen?
- Bitte richten Sie Frau Wespe aus, dass ich angerufen habe.
- Bitte sagen Sie Herrn Grill, dass er mich zurückrufen soll. Es geht um … Meine Nummer ist 12 34 56 *(„eins – zwei – drei …" oder „zwölf – vierunddreißig …")*. Unter dieser Nummer bin ich bis 18 Uhr erreichbar.
- Die Landeskennzahl/Länderkennzahl/Vorwahlnummer für Deutschland lautet +49.
- Das Ortsnetz von / Die Vorwahl für Hamburg ist 0 40.
- Die Nummer der Firma / der Zentrale / Meine Durchwahl / Unsere Faxnummer ist …
- Sehen Sie meine Nummer auf dem Display – oder soll ich sie Ihnen geben?
- Nach 18 Uhr bin ich über mein Handy erreichbar.

Anrufbeantworter (AB) und Mailbox

- *(Text auf AB oder Mailbox:)* Hier ist der Anrufbeantworter / die Mailbox von Franz Meier. Ich bin im Moment nicht erreichbar. Sie können mir aber gerne eine Nachricht hinterlassen. Ich rufe Sie dann umgehend zurück.
- *(Mailbox:)* Das ist der Anschluss 78 90 ... Der Teilnehmer ist im Moment nicht erreichbar. Nach dem Signalton können Sie eine Nachricht hinterlassen. Der Teilnehmer wird mit einer SMS darüber informiert.
- *(als Anrufer auf AB sprechen:)* Guten Tag, hier spricht Anna Springer. Herr Lösch, es ist Donnerstag, 14 Uhr 30, und ...
  - ich wollte nur unseren Termin am Montag, den 4. 4., um 16 Uhr bestätigen. Falls sich etwas ändern sollte, können Sie mich unter 4 56 78 zu den normalen Bürozeiten erreichen oder auf dem Anrufbeantworter eine Nachricht hinterlassen.
  - ich muss Ihnen leider mitteilen, dass ich unseren vereinbarten Termin am Montag nicht wahrnehmen kann. Darf ich Ihnen als neuen Termin vielleicht Mittwoch zur selben Zeit vorschlagen? Können Sie mir den Termin kurz telefonisch oder per Mail bestätigen?

  Vielen Dank! Auf Wiederhören.

E-Mail- und Internetadressen am Telefon

- Die E-Mail-Adresse von Frau Biene ist: sa.biene@gruenthal.com *(gesprochen: „s – a – Punkt – biene mit ‚ie' – At(-Zeichen) – gruenthal in einem Wort mit ‚ue' und ‚th' – Punkt – com").*
- Sie können mir auch per Mail antworten. Meine Adresse ist: Roman_@t-online.de *(„Roman – Unterstrich – At – t – minus – online – Punkt – de").*
- Unsere Website finden Sie unter www.muenchen.de *(„w – w – w – Punkt – muenchen – Punkt – de").* Das aktuelle Theaterprogramm ist dann unter muenchen.de/theater *(„muenchen – Schrägstrich/Slash – theater")* zu finden.
- Auf der Homepage von muenchen.de finden Sie auch einen Link zu Hotels.
- Auf der Homepage finden Sie auch einen Button „Kontakt".

- Das Zeichen „@" wird als „At-Zeichen" – oder kurz „At" *(gesprochen: „et")* – bezeichnet; andere Bezeichnungen (ugs.) sind z. B.: „Affenschaukel" oder „Klammeraffe".

- Eine vollständige Tabelle für das Buchstabieren am Telefon (in Deutschland bzw. international) finden Sie auf S. 194.

ein Telefongespräch beginnen

- Hallo, Frau Miller, wie geht es Ihnen?
- Hatten Sie ein schönes Wochenende / einen schönen Urlaub?
- Wie ist das Wetter heute in Hamburg? Ist es auch so kalt/ verregnet/schön wie hier?
- (Es) Freut mich, mal wieder von Ihnen zu hören!
- Nett, dass Sie mich anrufen.
- Jetzt haben wir ja lange nichts mehr voneinander gehört.
- Vielen Dank, dass Sie gleich zurückrufen.
- Guten Morgen, Herr Fuchs. Darf ich mich kurz vorstellen. Mein Name ist / Ich bin …
  - Ich wollte mit Ihnen über … sprechen.
  - Es geht um Folgendes: …
  - Ich hätte gerne gewusst, ob/was/wann/wie …
  - Der Grund meines Anrufs ist …
  - Ich rufe Sie im Auftrag von Frau Hummer an.
  - Frau Hummer hat mir Ihre Nummer gegeben und ich möchte Ihnen heute unser aktuelles Angebot vorstellen.
  - Herr Fischer hat mir gesagt, dass ich Sie wegen des Termins anrufen kann.

In „D A CH" wird am Telefon relativ wenig „Small Talk" gemacht und bei geschäftlichen Alltagstelefonaten kommt man bald zur Sache. Im Gespräch mit neuen Kunden sind die ersten Sekunden sehr wichtig; hier muss man schnell einen guten Kontakt aufbauen und seine Idee präsentieren können. Bei langjährigen Kunden und Geschäftspartnern kann der Gesprächsbeginn auch privater sein.

Verständigung am Telefon sichern

- Wie bitte? Können Sie das bitte noch einmal wiederholen?
- Hallo, hören Sie mich noch?
- Können Sie das / den letzten Satz / die Zahlen bitte noch einmal wiederholen?
- Können Sie bitte etwas lauter/deutlicher sprechen?
- Können Sie das bitte etwas langsamer wiederholen? Ich verstehe noch nicht so gut Deutsch.
- Können Sie das vielleicht auf Englisch wiederholen?
- Können Sie das bitte buchstabieren?
- Sagten Sie gerade „am Dienstag, den 15. 2."?
- Habe ich Sie jetzt richtig verstanden – meinten Sie „Februar"?
- Mit wem haben Sie das vereinbart?
- Was haben Sie mit Frau Biene / unserem Serviceteam vereinbart?
- Entschuldigung, was bedeutet …?
- Also habe ich Sie richtig verstanden – Sie sagten …, richtig?
- Das heißt also, dass …
- Wenn ich Sie richtig verstanden habe, liefern Sie am …
- Können Sie das bestätigen?
- Mit anderen Worten: …
- Können Sie mir folgen? / Ist es für Sie so weit klar?
- Also, um Missverständnisse zu vermeiden: …
- Es bleibt also dabei, dass …, oder?
- Ich glaube, da haben wir uns missverstanden / falsch verstanden, ich meinte …
- Was sagten Sie gerade? Die Leitung war gestört. / Die Verbindung war unterbrochen.
- *(über Handy/Mobilfunk:)* Wir waren für einen Moment getrennt / Unsere Verbindung war unterbrochen – vielleicht ein Funkloch! Können Sie mich bitte auf dem Festnetz zurückrufen?

In „D A CH" sind eindeutige Aussagen im Geschäftsleben auch am Telefon kein Tabu, auch ein Nein sollte klar kommuniziert werden. Falls man aus sachlichen Gründen oder aus Höflichkeit noch keine klare Aussage machen will, kann man die Antwort offenhalten (s. die folgenden Formeln).

eine Antwort offenhalten, eine Entscheidung vertagen

- Darf ich vorschlagen, dass wir diese Frage besser in einem persönlichen Gespräch und nicht am Telefon besprechen?
- Auf diese Frage kann ich Ihnen, fürchte ich, am Telefon noch keine abschließende Antwort geben.
- Für eine endgültige Antwort müsste ich mich noch mit unserem Abteilungsleiter besprechen.
- Bevor ich Ihnen darauf antworten kann, möchte ich noch einmal Rücksprache nehmen.

ein Telefongespräch beenden

- Gut, dann haben wir das besprochen. Darf ich noch einmal zusammenfassen?
- Das wäre es dann also für heute!
- Können wir hier für heute abschließen und die anderen Fragen später klären?
- Wir sind uns jetzt also einig, dass ... Oder gibt es sonst noch eine Frage / ein Problem?
- Können Sie mir die anderen Fragen/Punkte schriftlich geben. Die sollten wir jetzt wohl besser nicht am Telefon besprechen.
- Wegen der anderen Punkte würde ich Sie lieber später noch einmal anrufen.
- Also, dann machen wir das wie besprochen!
- Abgemacht! / Einverstanden! / Geht in Ordnung!
- Das wäre es dann für heute! Bis zum nächsten Mal!
- Danke für Ihren Anruf! Bis ... dann also!
- Ich melde mich nächste Woche wieder bei Ihnen!
- Wenn ich mich bis Mittwoch nicht melde, rufen Sie mich doch bitte am Donnerstag zurück!
- Tschüss! *(fam.)*
- Auf Wiederhören!

Sprichwörter und Redensarten zu „reden" und „sprechen"

- *Von jemandem, der sehr viel (Überflüssiges) redet, sagt man:* „Er redet viel, wenn der Tag lang ist." *Oder sogar:* „Er redet wie ein Buch / wie ein Wasserfall."

- *In der beruflichen Kommunikation in* „D A CH", *in der man eher dazu neigt, möglichst bald* „zur Sache zu kommen", *sollte man lange Reden – auch und vor allem am Telefon – vermeiden und*

- *stattdessen ohne große Umwege versuchen* „die Sprache auf das zu bringen", *was der eigentliche Anlass/Zweck des Telefonats ist.*

Lerntipps

Schreiben Sie auf, was Sie in Ihrer Firma und von Ihren Geschäfts-partnern aktuell an Redewendungen und Grußformeln am Telefon hören. Fragen Sie Ihren Deutschlehrer oder Ihre Kollegen, wann man welche gebrauchen kann oder besser nicht verwenden sollte.

Redewendung	Situation	Bemerkung
„Einen schönen Tag noch"	Verabschiedung	eher ugs./fam. nicht für formelle Verabschiedung
„Guten Tag, mein Name ist Freidl. Was kann ich für Sie tun?"	Anrufannahme im Servicecenter der Firma …	typisch für Callcenter, nicht bei persönlichen Kontakten

7 Rundgang in einer Firma

„Das scheint wohl der Junior-Chef unter moderner Betriebsführung zu verstehen."

Begrüßung und Überblick

- Meine Damen und Herren!
- Darf ich um Ihre Aufmerksamkeit bitten!
- Herzlich willkommen bei uns!
- Im Namen der Firma ... darf ich Sie hier in unserem Werk begrüßen / willkommen heißen!
- Wir freuen uns, dass Sie heute hier bei uns sind!
- Zuerst möchte ich einige Worte zur Firmengeschichte sagen.
- Die Firma wurde von ... im Jahr ... gegründet. Sie ist heute in der vierten Generation im Familienbesitz.
- Wir sind ein kleines/spezialisiertes/mittelständisches/großes/ internationales Unternehmen im Bereich ...
- Die Firma stellt ... her / produziert ... / entwickelt ... / baut ... / verarbeitet ... zu ...
- Das Unternehmen kauft/verkauft ... / handelt mit ... / bietet ... an / vertreibt ...
- Das Unternehmen ist spezialisiert auf ... / ist einer der größten Anbieter/Hersteller/Lieferanten von ...

- Das Unternehmen ist Teil eines internationalen Konzerns / ist Marktführer auf dem Gebiet …
- Wir beginnen mit einem Überblick über …
- Auf diesem Schaubild sehen Sie …
- In unserem Showroom / In unserer Eingangshalle sehen Sie einige Modelle/Schaustücke aus unserer Produktion.
- Ich werde Ihnen jetzt … vorstellen/zeigen.
- Bevor ich Ihnen das Labor zeige, möchte ich Sie darauf hinweisen, dass …
- Anschließend machen wir einen Rundgang durch die Produktion/Fertigung.
- Anhand eines Videos können wir die wichtigsten Phasen/Schritte der Produktion verfolgen.
- Für alle Besucher haben wir eine Info-Mappe zusammengestellt. Darin sind alle Kataloge und Kontaktadressen angegeben.
- Zum Schluss haben Sie die Gelegenheit, unserem Produktionsleiter Ihre Fragen zu stellen / ein Video über unsere Firma zu sehen / unsere Produkte zu testen / in unserer Kantine einen kleinen Imbiss einzunehmen.
- Ich bin gerne bereit, alle Ihre Fragen zu beantworten.
- Bitte lassen Sie uns zuerst die Führung machen / das Video ansehen, dann können wir alle Fragen besprechen.
- Falls Sie Fragen haben, können Sie mich jederzeit unterbrechen.

Eine Vielzahl von Firmen in Deutschland zählt zum sogenannten Mittelstand. Viele von ihnen tragen den Namen des Gründers und werden bis heute von Familienmitgliedern persönlich geführt. Auch bei sehr großen Firmen, wie z. B. Porsche oder Siemens, stehen Nachfahren der Firmengründer noch in der Verantwortung oder halten einen Anteil an den Aktien.

Anweisungen und Sicherheit

- Bitte folgen Sie mir! / Wenn Sie mir bitte folgen würden!
- Hier entlang / rechts / links / geradeaus / die Treppe hinauf/hinunter bitte!
- Wenn Sie bitte hierherkommen würden!

- Anschließend gehen/fahren wir in den zweiten Stock / in die Montagehalle.
- Vor dem Rundgang möchte ich Sie noch auf unsere Sicherheitsbedingungen hinweisen. Ich darf Sie bitten, während des Rundgangs / der Besichtigung nicht zu rauchen / nicht zu fotografieren / Ihre Mobiltelefone nicht zu benützen / die Schutzkleidung zu tragen / den Besucherausweis sichtbar zu tragen.

Mitarbeiter und ihre Funktion vorstellen

- Frau Sauer ist in unserer PR-Abteilung beschäftigt und wird Sie heute bei uns betreuen / mit Ihnen den Rundgang machen.
- Herr Süß ist für die Kundenbetreuung zuständig.
- In unserer Firma sind rund 350 Mitarbeiter beschäftigt. Davon arbeiten circa 100 in der Verwaltung und 80 in der Produktion; die anderen arbeiten an anderen Standorten / sind im Außendienst tätig.
- In unserer Marketingabteilung arbeiten sieben Kollegen; die verantwortliche Leiterin ist Frau Schiffer. Die Damen und Herren sind für das gesamte Marketing zuständig; dazu gehört auch der Bereich E-Commerce und die Verantwortung für den Online-Katalog.

Für viele moderne Arbeitsgebiete und Berufe im Bereich der Werbung, des Marketings, der elektronischen Datenverarbeitung und der Finanzen sind die englischen Bezeichnungen ins Deutsche übernommen worden, z. B.: „Key-Accounter"/ „Key-Account-Manager" (statt „Großkundenbetreuer").

Räumlichkeiten und Anlagen erklären

- Wir befinden uns jetzt in unserer Forschungs- und Entwicklungsabteilung / in der Montagehalle / in der Auslieferung.
- Hier vorne / dort hinten / auf der anderen Seite sehen Sie …
- Gleich daneben / dahinter sehen Sie …

- In diesem Gebäude befinden sich die Büros / die Fertigung / die Aufenthalts- und Sozialräume ...
- An diesem Montageband wird ... hergestellt/gefertigt.
- In dieser Halle werden von der Auslieferung alle Pakete/Lieferungen versandfertig gemacht.
- Die Firma hat einen direkten Bahnanschluss / eine gute Verkehrsanbindung an die Autobahn / zum Flughafen / einen eigenen Parkplatz für Mitarbeiter und Kunden.

Produkte und Prozesse erklären

- Ich würde Ihnen gerne unser ... vorstellen/zeigen/erklären.
- In unserem Sortiment haben wir ... in allen Größen / für jeden Bedarf.
- Sie sehen hier ein Muster unseres/unserer ... / ein Beispiel für ...
- Vergleichen Sie dieses Muster bitte einmal mit ...
- Wenn Sie ...
  - das Werkstück einmal anschauen,
  - die Maschine einschalten,
  - auf die Vorder-/Hinter-/Unterseite sehen,
  - die Sache mal im Detail betrachten,
  - das Material anfühlen,
  - ein Exemplar in die Hand nehmen,
  dann stellen Sie fest, dass ...
- Das Besondere/Auffallende/Einzigartige daran ist, dass ...
- Als Besonderheit / besonderes Qualitätskriterium unseres Produkts darf ich ... hervorheben/nennen / darauf hinweisen, dass ...
- Diese Abbildung / Das Schaubild / Das Video zeigt Ihnen ...
- Auf dieser CD-ROM, die sie gerne mitnehmen können, ist ein Demo-Video zu unserer Produktion enthalten.
- Im Internet finden Sie unter unserer Adresse www.xy-Firma.de einen kompletten Produktkatalog mit allen Merkmalen und Bestellnummern.
- Das Gerät / Das Produkt / Das neue System kann / ermöglicht / verfügt über / dient zu ...
- Typisch für dieses Produkt / diese Neuentwicklung ist ...

49

die Vorteile eines Produkts betonen

- Dieses Produkt ...
  - ist eine (Welt-)Neuheit / eine Neuentwicklung / ein Hit.
  - hat folgende besondere Merkmale: ...
  - zeigt ganz besondere Eigenschaften.
  - ist exzellent verarbeitet.
  - hat ein innovatives Design.
  - erfüllt alle Qualitätsnormen/Sicherheitsstandards.
  - ist in jeder Hinsicht konkurrenzfähig.
- Die Vorteile liegen im Preis-Leistungs-Verhältnis / zeigen sich in ... / liegen gegenüber dem Vorgängermodell/Konkurrenzprodukt darin, dass ...
- Sie werden mir recht geben, wenn ich sage, dass das Produkt innovativ/unschlagbar ist und alle Erwartungen/Kundenwünsche erfüllt.
- In diesem Segment / Mit diesem Produkt sind wir Marktführer/ unschlagbar.
- Dieses Produkt wird in ... Größen/Ausführungen/Modellen/Farben hergestellt.
- Wir liefern direkt an den Kunden / über den Großhandel.
- Der Vertrieb erfolgt über ... den Einzelhandel / den Fachhandel / das Internet.
- Wir stellen ... für den anspruchsvollen Kunden her.
- Alle unsere Produkte/Dienstleistungen unterliegen einer strengen Qualitätskontrolle / sind umweltfreundlich / erfüllen die Qualitätsnorm ISO 9001.

Fragen zu Produkten stellen

- Können Sie noch etwas zu ... sagen / über ... erzählen?
- Ist das Gerät/Modell auch für ... geeignet?
- Wozu dient dies hier?
- Welche Funktion hat dieser Schalter/Hebel/Knopf?
- Aus welchem Material besteht ...?
- Welches Zubehör gibt es für das Gerät?
- Wie lange werden Ersatzteile hierfür lieferbar sein?

- Mich würde/würden noch die Leistung / die Kapazität / die technischen Daten / die Wartung / der Service / die Garantiezeit interessieren.
- Wo sehen Sie die Unterschiede zum / die Vorteile/Nachteile gegenüber dem Vorgängermodell/Konkurrenzprodukt?
- Könnten Sie das bitte noch etwas genauer erklären?
- Könnten Sie bitte dieses Detail / den Vorgang noch einmal zeigen?
- Wann ist das neue Modell lieferbar?
- Welche unterschiedlichen Ausführungen/Modelle/Qualitäten gibt es?
- Wie sind die Garantiebedingungen?
- Entsprechen die Produkte den Vorschriften / der neuen EU-Norm / den internationalen Standards?
- Wie sind die Preise pro Stück/Einheit/Pack/Set bei einer Abnahme von … Stück?
- Gibt es Rabatt bei einer Abnahme von … / einen Staffelrabatt?
- Wie sind die Lieferbedingungen/Lieferfristen?
- Mit welcher Lieferfrist muss man rechnen, wenn man eine Stückzahl von … bestellt?

Fragen an die Besuchergruppe

- Haben Sie dazu noch Fragen?
- Darf ich Ihnen noch etwas zeigen?
- Ist alles verständlich für Sie geworden?
- Bestehen noch irgendwelche Unklarheiten?
- Haben Sie alles verstanden oder soll ich etwas noch einmal wiederholen?
- Wenn Sie Fragen haben, so will ich diese gerne beantworten.

Im Gegensatz zu anderen Kulturen, wo Nachfragen vielleicht etwas peinlich sind, ist es in „D A CH" üblich, Unklarheiten sofort anzusprechen und direkt im Gespräch zu klären. Auch die Bitte, eine Sache ggf. langsamer oder sprachlich einfacher zu wiederholen, gilt nicht als unhöflich, sondern als Zeichen der Aufmerksamkeit und des Interesses der Zuhörer.

Dank an die Besucher

- Vielen herzlichen Dank für Ihren Besuch und Ihre Aufmerksamkeit!
- Wenn Sie keine weiteren Fragen haben, ...
  - darf ich mich im Namen der Firma für Ihren Besuch bedanken.
  - möchte ich Sie zum Abschluss in unser Kasino einladen.
  - möchte ich mich für heute verabschieden.
- Falls Sie später noch Fragen haben, ...
  - können Sie mich / die Firma gerne kontaktieren.
  - so haben Sie meine Telefonnummer/E-Mail-Adresse.
  - steht Ihnen unser Außendienst gerne zur Verfügung.
- Ich hoffe, es hat Ihnen gefallen!
- Gute Reise!
- Kommen Sie gut nach Hause! Und kommen Sie gerne einmal wieder!

Dank des Besuchers / der Besuchergruppe

- Ich möchte mich (im Namen der ganzen Gruppe) bei Ihnen ganz herzlich für den Firmenrundgang / die interessanten Ausführungen / den Vortrag / die interessante Präsentation / die Bewirtung und die Geschenke bedanken.
- Ich habe / Wir haben einen sehr guten Eindruck bekommen.
- Wir haben heute sehr viel gelernt / Interessantes gesehen.

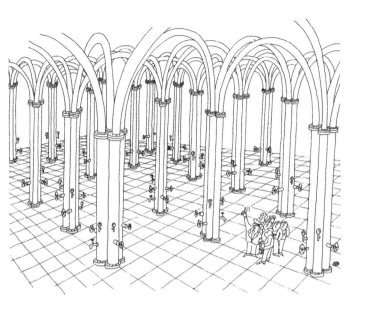

Sprichwörter und Redenarten

- „Made in Germany": *Nachdem ursprünglich Großbritannien im 19. Jahrhundert ausländische Produkte mit dem – eher diskriminierend gemeinten – Zusatz „made in …" versehen hatte, um so die einheimische Industrie zu schützen, wurde die Bezeichnung* „made in Germany" *dann vor allem nach dem Zweiten Weltkrieg aufgrund der überdurchschnittlichen Qualität deutscher Erzeugnisse quasi zu einem Gütezeichen in aller Welt.*

- *Die* „DIN-Norm" *(Norm des* „Deutschen Instituts für Normung e. V."*) – vgl.* „DIN-Formate", *z. B.* „das DIN-A4-Blatt", „DIN-Leistung", „DIN-Stecker" *– steht auch für die fast schon sprichwörtliche deutsche Neigung, für viele Dinge Normen zu finden. Im Bereich der Industrie hat sie sich in vielen Ländern als Standard durchgesetzt und somit als nützlich für den Export*

53

deutscher Waren erwiesen. In der Schweiz entsprechen ihr die
Normen der „Schweizerischen Normen-Vereinigung (SNV)", *in*
Österreich die des „Österreichischen Normungsinstituts (ÖN)".

Lerntipps

Welche Redensarten sind Ihnen noch aufgefallen? Fragen
Sie Ihre Kollegen oder Ihren Deutschlehrer, wann Sie diese
Wendungen benutzen oder eher nicht benutzen können.

Redewendung	Situation	Bemerkung
„Schön, dass Sie da sind!"	zur Begrüßung	informell
„Na, dann wollen wir mal!"	wenn man sich an die Arbeit macht / das eigentliche Ziel angeht	ugs., salopp

8 Präsentation

„Du kannst über alles reden, nur nicht über zwanzig Minuten."
Welche zwei Bedeutungen hat „über" in diesem Satz?[1]

Beginn und Überblick

- Guten Tag, mein Name ist Gerd Müller. Ich freue mich,
  Ihnen heute unser Unternehmen vorstellen zu dürfen.
- Zunächst darf ich Ihnen einen kurzen Überblick über … geben.
- Der Vortrag / Die Vorlesung soll einen Überblick geben über …
- Zu Beginn unserer (PowerPoint-)Präsentation möchte ich
  Ihnen … zeigen.
- Meine Präsentation / Mein Vortrag / Mein Referat /
  Meine Vorlesung besteht aus folgenden Teilen:
  - Erstens / Als Erstes / Zuerst werde ich Ihnen etwas über
    die Geschichte der Firma erzählen.
  - Zweitens / Im zweiten Teil spreche ich über …
  - Im Anschluss daran werde ich Sie über … informieren und
  - zum Schluss / zuletzt komme ich noch auf … zu sprechen.

---

1 **„über** alles reden": *so viel wie* **„von etwas** reden" – **„über** zwanzig Minuten": *so viel wie* **„mehr als** zwanzig Minuten"

- Entschuldigen Sie bitte meinen Akzent / meine eingeschränkten Sprachkenntnisse! *(S. hierzu auch S. 106 f.)*

ein Thema einleiten, Teilthemen abgrenzen

- Als Nächstes will ich die Frage / das Problem ... besprechen/ behandeln.
- Nun einige Informationen/Fakten zu ...
- Ich komme jetzt zu den aktuellen Zahlen/Statistiken ...
- So weit zu diesem Thema/Bereich – und nun zu ...
- Bisher haben wir über unseren Export gesprochen, jetzt kommen wir zu ...
- Damit können wir das Thema Finanzierung abschließen und zum Punkt ... übergehen.
- Bevor wir das Thema Import behandeln, möchte ich noch kurz auf ... eingehen.
- Gestatten Sie mir vorher noch einige Bemerkungen zu ...
- Ich kann Ihnen hier nur die wichtigsten Fakten vorstellen, die genauen/weiteren Informationen finden Sie in unserer Firmenbroschüre / Ihrer Mappe / im Handout.

Grafiken erläutern, eine PowerPoint-/PP-Präsentation durchführen

- In der folgenden Präsentation / Auf den folgenden Charts/Grafiken sehen Sie ...
- Auf der ersten Folie / Auf dem ersten (Schau-)Bild sehen Sie ...
- Die Grafik zeigt die Entwicklung von ... bis ...
- Auf dieser Achse ist/sind ... aufgeführt.
- Entlang der Waagerechten / waagerechten Achse sehen Sie den Zeitabschnitt von ... bis ...
- Auf der Senkrechten / senkrechten Achse ist der Umsatz in Millionen Euro angegeben.
- Die Daten stammen aus dem Zeitraum von 2009 bis 2013, beschreiben also die Entwicklung innerhalb von vier Jahren.
- Unter X versteht man ... Ein X ist zum Beispiel ...
- Y bedeutet/heißt hier ...
- Ich möchte/darf Ihnen hier ein Beispiel geben: ...

- Der Produktionsablauf ist hier in einem Flussdiagramm dargestellt.
- Die Marktanteile sehen Sie auf diesem Tortendiagramm, die Entwicklung des Umsatzes zeigt dieses Säulendiagramm.

hinweisen, die Aufmerksamkeit auf etwas richten

- Bitte sehen Sie mal hierher! Auf dieser Grafik sehen Sie …
- Links / Rechts / Oben / Unten / In der Mitte sehen Sie …
- Beachten Sie besonders die aktuelle Entwicklung …
- Wie Sie sehr gut / besonders deutlich sehen können, ist …
- Wie Sie den Zahlen/Daten entnehmen können, hat/ist …
- Ich möchte Sie besonders auf … aufmerksam machen.

Zahlen und Fakten nennen

- Die Tabelle / Die Statistik / Das Diagramm zeigt …
- Der Marktanteil in den USA ist/beträgt 15 % *(sprich: „Prozent")*.
- Der Umsatz beträgt dieses Jahr 34 Millionen Euro.
- Das Betriebsergebnis wird mit 4,6 Mio. *(sprich: „vier Komma sechs Millionen")* angegeben.
- Der Exportanteil belief sich letztes Jahr auf 63 %, der Inlands-anteil auf 37 %.
- Das Säulendiagramm zeigt jeweils in der ersten Säule den Jahresumsatz, in der zweiten Säule den Erlös.
- Aus dieser Aufstellung/Statistik/Grafik geht hervor, dass …
- Die Daten berücksichtigen den Zeitraum von 2000 bis heute.
- Über ökologische Faktoren wird in dieser Statistik keine Aussage gemacht.
- Die Quelle der Statistik ist der Report der AHK, also der Außenhandelskammer.

Abkürzungen, wie „AHK" für Außenhandelskammer, werden oft selbstverständlich gebraucht, auch wenn sie nicht international gültig sind. Fragen Sie ruhig, wenn es Unklarheiten gibt. Eine Liste der häufigsten Abkürzungen steht auf Seite 6.

Zunahme schildern

- Der Umsatz in der Branche hat sich verdoppelt/verdreifacht …
- Der Absatz von Mobiltelefonen nimmt jedes Jahr/Quartal weiter zu.
- Die Produktion ist jährlich um acht Prozent gestiegen.
- Die Ausgaben für Forschung haben sich ständig erhöht, aber der Werbeetat musste überproportional gesteigert werden.
- Der Marktanteil ist innerhalb von drei Jahren um 15 % gewachsen.
- Die Ausgaben für Rohstoffe steigen stetig/außergewöhnlich.
- Die Energiekosten gehen immer weiter nach oben / steigen kontinuierlich.
- Die Steigerung der Ölpreise bedeutet für dieses Jahr einen Anstieg/Zuwachs von 18 % gegenüber dem letzten Jahr.

Abnahme schildern

- Der Verbrauch an Primärenergie muss weiter sinken!
- Die Schadstoffemissionen sind leicht/stark zurückgegangen.
- Der Rückgang beträgt jährlich 3 %.
- Die Anteile von schädlichen Abgasen haben bei neuen Autos etwas abgenommen.
- Die Anteile der Schadstoffe sollen weiter gesenkt werden.
- Die Statistik zeigt eine ständige Abnahme der Umweltbelastungen.
- Der Tiefpunkt bei den Emissionen war im letzten Jahr erreicht.
- Diese Ziffern zeigen einen deutlichen Umsatzrückgang von einem Drittel / um ein Drittel / um ca. 30 %.

Negative oder unbefriedigende Entwicklungen werden in „D A CH" tendenziell offener angesprochen als in anderen Ländern (z. B. als „noch nicht zufriedenstellend", „den Erwartungen nicht ganz entsprechend", „insgesamt noch ausbaufähig"), doch ist dies immer auch stark abhängig vom konkreten Kontext der Präsentation. Fragen Sie daher im Zweifelsfall bei der Vorbereitung eines Vortrags Ihren Sprachcoach oder Ihre deutschsprachigen Kollegen.

Veränderungen und Entwicklungen aufzeigen

- Wollen wir uns die Entwicklung von 2008 bis 2012 betrachten/ansehen.
- Im Vergleich zu den Vorjahren / zum Jahr … sieht man …
    - einen leichten Anstieg von/um …
    - einen starken Rückgang von/um …
    - kaum eine Veränderung.
- Der Anteil ist größer/kleiner geworden als …
- Der größte Teil des Umsatzes mit Exportgütern entfällt mit 34 % auf den Export nach China; dieser Anteil lag im letzten Jahr noch bei 26 % und im Jahr davor bei 18 %.
- Durchschnittlich / Im Durchschnitt ist/hat/beträgt …
- Die relativen Zahlen drücken eine gute Entwicklung aus; die absoluten Zahlen verweisen jedoch auf ein insgesamt sehr niedriges Niveau.
- Die Entwicklung beinhaltet
    - eine leicht/stark steigende Tendenz.
    - eine ausgeglichene Tendenz.
    - eine leicht/stark fallende Tendenz.
- Der Anstieg von 5 % bei den Löhnen ist bei diesem Ergebnis mit einkalkuliert.
- Der Rückgang der Stückkosten hat uns positiv überrascht.
- Der Wegfall der Zölle in der EU ist ein gutes / sehr positives Signal.
- Bei den Wechselkursen wird es immer Schwankungen geben.
- Bei den Ölpreisen sehen Sie einen sehr unruhigen Verlauf der Kurve.
- Die Konsumentenpreise haben sich nicht erhöht / sind stabil geblieben.
- Die Zusammensetzung des Firmenvorstands ist gleich/ unverändert geblieben.
- Seit drei Jahren stagniert der Absatz.
- Unser Marktanteil in Ungarn ist trotz neuer Konkurrenz gleich/konstant/unverändert geblieben.
- Über ökologische Faktoren werden in dieser Statistik keine Aussagen gemacht.

Exkurse, Fragen, Zwischenfragen *(s. a. Kap. 9)*

- Erlauben Sie, dass ich hier kurz vom Thema abschweife.
- Bei dieser Gelegenheit möchte ich einfügen/erwähnen, dass …
- In diesem Zusammenhang möchte ich kurz auf die Frage eingehen, ob …
- Wie ich vorher/anfangs sagte/erwähnte, hat …
- Wie wir später noch sehen werden, ist …
- Wie Sie sicher wissen, …
- Ihnen ist vielleicht neu / bekannt / noch unbekannt, dass …
- Kommen wir zum Thema zurück!
- Ich möchte Sie hier nicht mit Details aufhalten, …
  - zu einem Punkt aber noch eine Bemerkung machen: …
  - sondern die Entwicklung im Ganzen / im Zusammenhang darstellen.
- Vielen Dank für Ihre Frage/Bemerkung. Ich werde sofort darauf eingehen.
- Vielen Dank, das ist eine gute / interessante / sehr spezielle Frage. Können wir die vielleicht im Anschluss / in der Pause behandeln / an den Schluss stellen?
- Darf ich darauf später zurückkommen?
- Gestatten Sie mir bitte, dass ich an dieser Stelle auf Englisch / auf meine Muttersprache ausweiche.
- Das Thema … werde ich wegen seiner Komplexität / aus Zeitgründen heute nicht / nur kurz ansprechen.

ein Thema/Referat abschließen

- Ich darf noch einmal zusammenfassen: …
- Ich möchte hier schließen.
- Ich hoffe, Sie haben einen guten Überblick über … / Eindruck von … gewonnen.
- Das wäre alles, was es von meiner Seite zu diesem Thema zu sagen gäbe.
- Alle wichtigen Informationen finden Sie auch in Ihren Mappen/ Handouts oder auf unserer Website unter www…
- Abschließend kann man / möchte ich sagen, dass …

- Lassen Sie mich zum Schluss noch sagen: …
- Mit Blick auf die Uhr / Aufgrund der fortgeschrittenen Zeit
  möchte ich meinen Vortrag an dieser Stelle abschließen/abkürzen.
  Weitere Informationen finden Sie auf unserer Homepage.
- Wenn Sie Fragen haben, …
  - bin ich gerne bereit diese im Anschluss zu beantworten.
  - stehe ich Ihnen gerne zur Verfügung.
  - können Sie sich auch gerne per E-Mail an mich wenden.
- Ich danke Ihnen für Ihre Aufmerksamkeit! Sie waren ein sehr
  angenehmes/interessiertes Publikum!
- Vielen Dank für Ihre Geduld / Ihr Interesse / Ihren Besuch!

Sprichwörter und Redensarten zu „Präsentation"

- „Ein Bild sagt mehr als tausend Worte!" – *Was man mit eigenen Augen gesehen hat, kann man sich oft sehr viel besser vorstellen als etwas, wovon man nur gehört oder gelesen hat. Aber auch wenn man sich in Zeiten von E-Commerce so ziemlich alles im Internet ansehen kann, so sind darüber hinaus persönliche Kontakte, Eindrücke vor Ort und die Möglichkeiten zu Rückfragen, wie sie bei einer Präsentation gegeben sind, wichtiger denn je.*
  „Erlebniscenter", in die z. B. die großen Autohersteller in letzter Zeit viel Geld investiert haben, Shows und Firmenführungen haben dabei an Bedeutung eher gewonnen, noch mehr aber wohl die persönliche Beziehung, zwischen Herstellern und Lieferanten ebenso wie zwischen Händlern und Kunden.

Tipps für eine Präsentation vor deutschsprachigem Publikum

Eine Präsentation auf Deutsch wird Ihnen wahrscheinlich – vor allem beim ersten Mal – als eher schwierig erscheinen; Ihr deutschsprachiges Publikum wird sie jedoch umso mehr schätzen! Hier einige Tipps zur Vorbereitung:

- „Übung macht den Meister!" – *Je öfter Sie es versuchen, umso mehr Sicherheit werden Sie allmählich gewinnen. Beginnen Sie mit einer „Mini-Präsentation" (für sich selbst oder vor Freunden/ Kollegen), die folgende Abschnitte enthält:*
  1. *Begrüßung,*
  2. *Vorstellung des Themas*
  3. *Gliederung der Hauptpunkte*
  4. *Zusammenfassung*
  5. *Fragen und Verabschiedung des Publikums.*
  Bereiten Sie jeden Abschnitt mit drei Beispielsätzen vor!

- *Auch auf den „Ernstfall", d. h. auf eine echte Präsentation, bereiten Sie sich so vor, dass Sie sich für jeden Abschnitt geeignete Redemittel aussuchen. Versuchen Sie nicht, sich zu viele auf einmal zu merken, denn es ist sicher wichtiger, sich*

auf den Inhalt zu konzentrieren, und wenn Sie dabei einige
Wendungen öfter wiederholen, so ist das nicht schlimm!

- Manche Folien, die Sie zeigen wollen, brauchen weniger Erklärungen (z. B. mit übersichtlichen Grafiken), andere dagegen mehr.
  Üben Sie die entsprechenden Wendungen aus diesem Buch
  jeweils anhand Ihrer Folien; so können Sie die Folien dann bei
  Ihrem Vortrag gleichzeitig als Merkhilfen für Ihre Formulierungen
  benutzen.

- Sprechen Sie langsam und deutlich! Ein möglicher Akzent stört
  dagegen nicht und die Zuhörer werden ihn in der Regel eher als
  „charmant" empfinden und vielleicht sogar mit dem Produkt / der
  Firma verbinden, die Sie präsentieren. An einzelnen Stellen
  können Sie vielleicht auch auf Englisch oder evtl. Ihre Muttersprache ausweichen, wenn Sie wissen, dass Sie verstanden
  werden.

- Handouts – in denen das Wichtigste noch einmal „schwarz auf
  weiß" (also gedruckt) zum Mitnehmen steht – sind unverzichtbar
  und sollten natürlich alle wichtigen Websites und E-Mail-Adressen
  enthalten.

- Mit ein oder zwei Sprichwörtern oder Zitaten – und gerne auch
  mit entsprechenden oder dazu passenden Wendungen aus Ihrem
  Land, die Sie für Ihre Zuhörer übersetzen – zeigen Sie Ihr
  Interesse für die Kultur in „D A CH" und lockern gleichzeitig die
  Gesprächs- oder Vortragsatmosphäre etwas auf!

63

9 Gespräche, Besprechungen und Verhandlungen

SOLLEN WIR IHREN VORSCHLAG PUNKT FÜR PUNKT DURCHGEHEN, ODER MÖCHTEN SIE IHN LIEBER GLEICH ZURÜCKZIEHEN?

Alltagsbesprechungen und kurze Gespräche

um ein kurzes/informelles Gespräch bitten, ein Thema ansprechen (s. a. Kap. 2)

- Kann ich Sie kurz sprechen / stören / etwas fragen?
- Haben/Hätten Sie einen Moment Zeit?
- Ich würde Sie gerne wegen … sprechen.
- Könnten wir kurz mal über … sprechen?
- Übrigens, wo wir gerade dabei sind: Wir sollten noch das Thema … ansprechen.
- Apropos – was ich noch sagen wollte: …
- Da Sie gerade hier sind / Da ich Sie gerade am Telefon habe – ich wollte Sie noch fragen, ob/was/wer/wann …?
- Ach, Herr Schmidt, wissen Sie zufällig, ob/was/wer/wann …?

eine kurze Besprechung / ein kurzes Gespräch zulassen

- Ja bitte, worum geht's?
- Ja, kommen Sie!
- Ja gerne, selbstverständlich.

- Sicher, worum geht's? / was kann ich für Sie tun?
- Gerne, aber könnten Sie vielleicht in einer Viertelstunde noch einmal kommen?

ein Gespräch aufschieben

- (Es) Tut mir leid, im Moment nicht, ich habe gerade sehr/ wahnsinnig *(ugs.)* viel zu tun.
- Jetzt sofort geht es leider nicht, denn … / aber …
- Im Moment ist es gerade schlecht/ungünstig, können wir das vielleicht heute Nachmittag besprechen?
- Ist es wichtig, dass wir das sofort besprechen?
- Können wir das evtl. später besprechen?
- Wie lange brauchen wir dafür? / Wie lange würde das dauern?
- Ja, das Thema ist wichtig, …
  - aber das sollten wir bei unserer nächsten großen Teamsitzung auf die Tagesordnung setzen.
  - aber das sollten wir besser zusammen mit Frau Schüssel klären.
  - aber vielleicht können Sie mir eine (E-)Mail dazu schreiben?

Die Ansichten darüber, ob und wie oft man seine Kollegen bei der Arbeit mit Fragen, Besprechungen oder auch einem „Schwätzchen" unterbrechen darf, sind individuell, kulturell, aber auch von Firma zu Firma (oder von Abteilung zu Abteilung) sehr verschieden. Während die einen Kollgen mehr mit „offenen Türen" arbeiten, sodass kurze Besprechungen oder informelle Gespräche einfach zu führen sind, wollen die Kollegen anderswo lieber weniger „gestört" werden und Besprechungen entweder auf Konferenzzimmer oder die Cafeteria/Kantine beschränken.

größere Besprechungen und Verhandlungen

Agenda/Tagesordnung einer Sitzung/Konferenz vorstellen, Ziele beschreiben

- Meine Damen und Herren, guten Tag, ich freue mich,
  - dass ich Sie zu dieser Besprechung begrüßen darf!
  - dass wir heute das Thema … besprechen können!

- Auf unserer Tagesordnung haben wir folgende Punkte/Themen/ Fragen: …
- Folgende Punkte/Themen stehen heute an / sollten wir heute besprechen.
- Ich schlage folgendes Vorgehen vor: Zuerst …, dann …, abschließend …
- Sind alle Themen genannt oder gibt es noch Ergänzungen?
- Das Thema … sollten wir noch zusätzlich auf die Tagesordnung setzen.
- Ziel unseres Gesprächs / dieser Besprechung / dieser Sitzung ist es, …
  - folgende Fragen zu klären: …
  - einen Plan für/zu … zu entwerfen.
  - ein Budget für … aufzustellen.
  - eine Strategie für … zu entwickeln.
- Bei unserem letzten Treffen/Meeting hatten wir über … gesprochen. Heute wollen wir …
  - dieses Thema vertiefen.
  - folgende Themen ansprechen: …

Dauer der Besprechung

- Wir haben … Stunden / den Vormittag/Nachmittag / den ganzen Tag Zeit.
- Der Vormittag ist für das Thema … reserviert/eingeplant/ vorgesehen, am Nachmittag wollen wir über … sprechen.
- Für dieses wichtige Thema sollten wir uns nun ausführlich Zeit nehmen.
- Wenn wir den Zeitplan einhalten wollen, sollten wir jetzt/pünktlich beginnen.
- Mit Blick auf die Uhr müssen wir das Gespräch an dieser Stelle wohl beenden und auf ein andermal vertagen.
- Die Besprechung sollte um … zu Ende sein!
- Die Telefon-/Videokonferenz ist auf 14 Uhr MEZ *(mitteleuropäischer Zeit)* angesetzt und sollte nicht länger als eine Stunde dauern.

In „D A CH" gibt es meist einen relativ genauen Zeitplan, wie
lange eine Besprechung oder Konferenz dauern sollte. Auch ein
pünktlicher Beginn ist wichtig. Die strikte Einhaltung des
Zeitplans wirkt dann auf manche Ausländer vielleicht sehr
formell oder sogar unhöflich, weil für Privates wenig Raum bleibt.
Das wird in „D A CH" jedoch als Zeichen von Respekt vor dem
anderen und seiner Zeitplanung angesehen. Normalerweise sind
die Zeitpläne bei Besprechungen in „D A CH" und mit deutschsprachigen Partnern eher eng; will man etwas ausführlicher
diskutieren oder auch eine neue Geschäftsbeziehung aufbauen,
werden oft gemeinsame Essen oder Aktivitäten eingeplant.

Teilnehmer vorstellen

- Ich darf Ihnen die Teilnehmer der heutigen Besprechung/
  Konferenz kurz vorstellen: Frau Schmidt, Verkaufsleiterin
  aus unserer Filiale in Berlin, Herr Wenzel, Marketingleiter
  aus dem Regionalbüro in Paris, und als Gast Frau Pedroli
  von der Werbeagentur LX.
- Mein Name ist Hase, ich bin Technischer Leiter bei … und
  heute Ihr Gastgeber. Darf ich Sie bitten, sich vielleicht selbst
  kurz vorzustellen.
- Ich denke, wir kennen uns alle. Neu in unserer Runde ist
  Frau Lehnhart, sie ist …
- Für die heutige Sitzung haben wir speziell zu diesem Thema
  Frau … / Herrn … als Fachfrau/-mann eingeladen.
- Wäre es nicht sinnvoll, wenn Frau Minelli auch bei der
  Besprechung dabei wäre?

Gesprächsleitung und Protokoll bestimmen

- Ich schlage vor, Frau Lang übernimmt heute die Gesprächs-
  leitung und Herr Knapp schreibt das Protokoll.
- Darf ich Sie, Herr Kurz, bitten, mit dem Thema / dem ersten
  Punkt / einem kurzen Überblick zu beginnen?
- Bevor wir mit der Besprechung/Konferenz beginnen, sollten wir
  uns auf Folgendes verständigen: …

67

Während in vielen Ländern die Gesprächsleitung automatisch dem Chef oder „Ranghöchsten" zufällt, kommt es in „D A CH" (in Betrieben mit „flacher Hierarchie") öfter vor, dass die Rolle des Moderators spontan festgelegt wird. Die Leitung kann dabei auch von einem Teilnehmer übernommen werden, der einer niedrigeren Hierarchieebene angehört.

eine gute Gesprächsatmosphäre schaffen *(s. a. Kap. 12)*

- Wie wollen wir es mit der Anredeform halten – duzen oder siezen wir uns in der Arbeitsgruppe?
- Ich schlage vor, dass wir uns duzen! Ich heiße Hans.
- Darf ich Ihnen etwas anbieten? Kaffee oder etwas Kaltes zur Erfrischung?
- Bitte bedienen Sie sich, wir haben Kaffee, Getränke und etwas zu essen für Sie vorbereitet.
- Vielleicht wäre es gut/sinnvoll/akzeptabel, wenn ...

Wenn sich die Beteiligten nicht schon vorher kennen oder die allgemein geltenden soziokulturellen Spielregeln nicht bekannt sind, kann der Gesprächsleiter die Konvention festlegen. Im Zweifelsfall wird er sich dabei immer für das „Sie" entscheiden, das in „D A CH" immer noch vorherrschend ist.

zu Wortmeldungen auffordern, das Wort erteilen

- Wer möchte beginnen?
- Herr Meir, Sie haben zu diesem Thema einen Beitrag vorbereitet.
- Wer möchte sich zu diesem Punkt äußern?
- Vielleicht zuerst Herr Bock, dann Frau Gärtner.
- Vielleicht können/wollen Sie etwas dazu sagen, Herr Lorenz?
- Frau Bauer, Sie wollten dazu etwas sagen / Stellung nehmen.

ein Thema ansprechen

- Es geht um Folgendes: ...
- Es handelt sich um ...

- Ich möchte heute folgende Punkte ansprechen: ...
- Ich möchte gerne mit Ihnen über ... sprechen.
- Darf ich zu diesem Punkt etwas sagen?
- Sie wissen ja / Sie erinnern sich sicher, dass ...
- Wie Sie bereits/sicher/wahrscheinlich wissen, ...
- Es wird Sie sicher interessieren, dass ...
- Sie hatten mich gebeten, ...
  - Informationen zu folgenden Themen zu sammeln: ...
  - Sie über ... zu informieren, wenn/sobald ...
- Ich habe gerade erfahren, dass ...
- Wir sollten das Thema unter dem Gesichtspunkt ... vertiefen.
- Ich würde gerne über die Konsequenzen sprechen, die mit ... verbunden sind.

das Thema eingrenzen

- Worum geht es genau?
- Können Sie uns genauer erklären, was/warum ...?
- Für heute sollten wir bei dem Thema ... bleiben.
- Lassen Sie uns zuerst diesen Punkt zu Ende bringen, bevor wir auf ... zu sprechen kommen.

69

den Gesprächsverlauf steuern, an den Zeitplan erinnern

- Vielen Dank für Ihre Frage / Ihren Einwand / Ihren Beitrag, aber ich denke, ...
    - das führt jetzt etwas zu weit.
    - das geht über das Thema hinaus.
    - wir sollten zuerst klären, ob ...
- Ich glaube nicht, dass wir ...
    - dieses Thema / diesen Punkt heute abschließend behandeln können.
    - dass wir diese Fragen heute schon alle klären können.
- Darf ich Ihre Frage einen Moment zurückstellen?
- Wir können diesen Punkt / dieses Thema gerne später noch einmal aufgreifen.
- Falls Sie Fragen haben, ...
    - können Sie mich jederzeit unterbrechen.
    - schlage ich vor, dass Sie diese im Anschluss an die Referate stellen.
- Darf ich an die Agenda / den Zeitplan erinnern?

eine Meinung äußern

- Ich finde/meine, dass ...
- Ich bin der Meinung, dass ...
- Aus meiner Sicht ist es so, dass ...
- Ich habe den Eindruck, dass ...
- Meiner Meinung nach / Meines Erachtens / Nach meiner persönlichen Einschätzung ...
- Nach unserer Meinung/Überzeugung ...
- Den offiziellen Zahlen zufolge ...
- Hier möchte ich die Aussage von ... zitieren: ...

einverstanden sein

- Einverstanden! / Das stimmt! / Das ist richtig!
- Ja, das sehe ich auch so! / Das sehe ich genauso!
- Das ist überzeugend! / Das überzeugt mich!
- Da haben Sie (völlig) recht!

nicht einverstanden sein

- Das sehe ich anders!
- Ich glaube, das ist nicht ganz richtig!
- In diesem Punkt muss ich Ihnen leider widersprechen.
- (Es) Tut mir leid, aber da bin ich anderer Meinung.
- Das überzeugt mich leider nicht.
- Hier habe ich andere Informationen.
- Ich kann mir das im Moment nicht vorstellen.
- Das erscheint mir fraglich.

In „D A CH" kann man seine abweichende Meinung oft direkter zum Ausdruck bringen als in anderen Ländern, ohne den Geschäftspartner damit zu verletzen. *(S. a. Kap. 12.)*

einen Vorschlag machen, eine Lösung erarbeiten

- Ich schlage vor / würde gerne vorschlagen, dass …
- Ich denke/glaube/meine, dass …
- Ich könnte mir vorstellen, dass …
- Wie wäre es mit …?
- Wäre es nicht am besten, wenn …?
- Warum machen/versuchen wir nicht …?
- Was halten Sie von folgendem Vorschlag: …?
- Was halten Sie davon, dass …?
- Was schlagen Sie vor?
- Wäre es ein Vorschlag / eine Lösung, wenn wir …
- Wären Sie damit einverstanden, wenn …
- Was halten Sie davon, …
- Können wir uns darauf verständigen, dass …

einem Vorschlag zustimmen, Lob und Anerkennung äußern

- (Das ist) Ein guter Vorschlag!
- Ja, einverstanden!
- Das überzeugt mich!
- Warum eigentlich nicht? Das können wir machen/versuchen.
- Das finde ich sehr gut!

- Ich bin sehr zufrieden mit …
- Ihre Idee / Ihr Vorschlag / Ihr Konzept / Das Produkt … ist ausgezeichnet / hervorragend / sehr überzeugend!
- Das haben Sie wirklich gut gemacht!

einen Gegenvorschlag machen

- Ich weiß nicht, ob dieser Vorschlag ganz geeignet ist. Ich würde stattdessen vorschlagen, …
- Das ist vielleicht noch nicht ganz die richtige Lösung / keine so gute Idee. Sollten wir nicht lieber …?
- Das halte ich für etwas problematisch. Wäre es nicht besser, wenn wir …?
- Mein Gegenvorschlag wäre, dass …

Bedenken/Kritik äußern

- Glauben/Meinen Sie wirklich, dass …?
- Sind Sie wirklich der Ansicht, dass …?
- Ich frage mich, ob …
- Es erscheint mir fraglich, ob …
- Ich fürchte, das bringt uns nicht weiter.
- Das habe ich nicht ganz verstanden. Läuft Ihr Vorschlag darauf hinaus, dass …?
- Ich habe hier meine Zweifel und möchte Sie bitten, Folgendes zu überlegen/bedenken/berücksichtigen …
- Ich habe den Eindruck, dass … – Oder wie sehen Sie die Sache? / Oder was ist Ihre Meinung dazu?
- Mir ist in letzter Zeit aufgefallen, dass … Darüber sollten wir einmal sprechen.
- Die Ergebnisse sind nicht so, wie wir sie erwartet haben. Woran liegt das Ihrer Meinung nach? / Was sind die Ursachen? / Was können wir tun?

auf Kritik reagieren, einverstanden sein

- Ja, das ist richtig / da haben Sie sicher recht.
- Einverstanden, Ihr Einwand überzeugt mich.

- Ja, es ist in der Tat so, dass …
- Ich bin mir bewusst / Ich sehe selbst, dass …
- Ich habe selbst bemerkt/festgestellt, dass …

mit Kritik nicht oder nur teilweise einverstanden sein

- Ja, das ist richtig, aber …
- Das ist zwar nicht falsch, aber/allerdings/andererseits …
- In der Tat ist dies so, …
  - aber Sie sollten Folgendes bedenken: …
  - allerdings/andererseits muss man auch sehen, dass …
- Natürlich kann ich Ihnen hier zustimmen, denke aber …
- Einerseits haben Sie damit recht, andererseits möchte
  ich sagen, dass …
- Das sehe ich doch ganz anders.
- Das kann ich so nicht sehen/akzeptieren.
- Das entspricht nicht ganz den Tatsachen / meiner Erfahrung.
- Also, ich verstehe nicht, wie Sie zu diesem Ergebnis / dieser
  Ansicht / dieser Einschätzung kommen.
- Das würde ich gerne noch einmal prüfen.

nachfragen, etwas klären, die Verständigung sichern

- Ich fürchte, ich habe nicht alles verstanden. …
  - Können Sie das bitte noch einmal wiederholen?
  - Können Sie bitte etwas langsamer sprechen?
  - Können Sie mir vielleicht das Wort … erklären?
    Was bedeutet das?
- Habe ich Sie richtig verstanden? / Verstehe ich Sie richtig? Sie
  meinen also, dass …?
- Ich bin mir nicht sicher, ob ich Sie richtig verstanden habe.
- Gehe ich recht in der Annahme, dass …?
- Also, ich habe jetzt verstanden, dass … Ist das so richtig?
- Worum geht es hier genau?
- Können Sie das bitte genauer / noch einmal erklären?
- Was meinen Sie mit …? / Was verstehen Sie unter …?
- Meinen Sie damit, dass …?

- Was genau meinen Sie, wenn Sie ... sagen? / sagen, dass ...?
- Mir ist nicht ganz klar, wer/wie/was/ob ...?
- Können Sie dafür ein Beispiel geben?
- An welchen Vorfall / welche Situation / welche Sache denken Sie dabei gerade?
- Haben Sie dazu weitere/genauere/aktuelle Informationen?
- Darf ich noch einmal zusammenfassen, was ich verstanden habe?
- Haben wir in diesem Zusammenhang noch etwas vergessen?

In „D A CH" bevorzugt man die direkte Klärung von Fragen und das offene Ansprechen von Unklarheiten. Auch wenn jemand nachfragt, der noch nicht so gut Deutsch spricht, wird dies eher geschätzt. Es ist jedenfalls kein Zeichen von Unhöflichkeit, wenn man eine andere Meinung hat und das höflich, aber klar sagt. Eine direkte, aber höfliche Kommunikation gelingt oft besser als eine indirekte.

ein Missverständnis aufklären, etwas berichtigen

- Entschuldigung, aber das ist wohl ein Missverständnis.
- Hier gibt es vielleicht ein Missverständnis. Ich meinte / sagte / wollte sagen, dass ...
- Nein, so habe ich das nicht gemeint.
- Ich fürchte, Sie haben mich hier missverstanden / nicht richtig verstanden.
- Es tut mir leid, wenn Sie mich missverstanden haben, aber ...
- Da habe ich mich vielleicht missverständlich ausgedrückt.
- Lassen Sie mich es noch einmal anders sagen: ...
- Anders gesagt, ...
- Hier ist auf der Folie leider ein Fehler: Es muss ... heißen. / Es soll nicht x, sondern u heißen.
- Da muss ich etwas richtigstellen: Ich meinte nicht ..., sondern ...

etwas vertiefen, auf etwas zurückkommen

- Das sollten wir noch genauer besprechen, bevor wir im Programm / in der Diskussion weitergehen.

- Bevor wir zum nächsten Punkt übergehen, sollten wir …
- Da wir gerade davon sprechen: …
- Bevor wir es vergessen, sollten wir festhalten, dass …
- Ich möchte noch Folgendes ergänzen: …
- Darf ich noch einmal auf den Punkt / das Thema / die Frage … zurückkommen?
- Ich würde in diesem Zusammenhang gerne noch einen weiteren Punkt ansprechen: …
- Hierzu ist noch anzumerken, dass …
- Ich weiß nicht, ob ich deutlich machen konnte, wie wichtig mir dieser Punkt erscheint: …

unterbrechen

- Darf ich da kurz nachfragen/einhaken?
- Eine kurze Frage/Zwischenfrage bitte: …
- Ich hätte dazu noch eine Frage: …
- Entschuldigung, darf ich Sie kurz unterbrechen?
- Erlauben Sie bitte eine Zwischenfrage!

sich gegen eine Unterbrechung wehren

- Einen Moment/Augenblick bitte, …
  - ich möchte den Satz/Gedanken noch zu Ende führen.
  - darf ich das abschließen?
  - ich bin gleich fertig.
  - geben Sie mir noch zwei … Minuten.

Nachfragen, Dazwischenreden oder Redepausen werden je nach Kultur und Kontext sehr unterschiedlich bewertet; in „D A CH" wird dies bei Verhandlungen und Besprechungen grundsätzlich akzeptiert. Die Geschäftspartner sind hier eher daran interessiert, die Sachlage und evtl. unterschiedliche Positionen oder Interessen der Teilnehmer zu klären, als bloß einer positiven Atmosphäre zuliebe mit unklaren Ergebnissen auseinanderzugehen. Für Menschen aus anderen Kulturkreisen sieht es oft so aus, dass besonders die Deutschen schneller zur Sache kommen wollen, ganz nach dem Motto „Zeit ist Geld".

(Zwischen-)Ergebnisse zusammenfassen

- Ich fasse jetzt zusammen: …
- Lassen Sie mich die Ergebnisse so festhalten: …
- Also, wir sind jetzt zu folgendem Ergebnis gekommen: …
- Wir haben uns also darauf geeinigt/verständigt, dass …
- Wir verbleiben jetzt also so, dass …
- Ich habe mir jetzt Folgendes notiert: …
- Der heutige Stand des Gesprächs / der Verhandlung ist also: …
- Können wir das jetzt fürs Protokoll folgendermaßen formulieren? …
- Sind Sie einverstanden, wenn ich jetzt die Ergebnisse unseres Gesprächs für das Protokoll wie folgt zusammenfasse? Erstens …, zweitens …
- Die Ergebnisse, wie wir sie im Protokoll festgehalten haben, werde ich Ihnen per E-Mail/Post zukommen lassen.

eine Besprechung/Verhandlung abschließen

- Vielen Dank für Ihre Beiträge / die Diskussion!
- Ich denke, wir haben alle Punkte und Fragen besprochen.
- Können wir jetzt das Thema / die Besprechung / die Diskussion langsam abschließen?
- Nach meiner Uhr ist es jetzt …, langsam sollten wir wohl zu einem Ende kommen.

Verhandlungen abbrechen, vertagen

- Ich fürchte/denke/meine, wir können dieses Thema / unsere Verhandlung heute nicht abschließen und müssen sie später / ein anderes Mal weiterführen.
- Für eine abschließende Beurteilung brauchen wir weitere Fakten – heute können wir uns noch nicht einigen.
- Wir müssen die Verhandlung vertagen und einen neuen Termin finden.
- Wir bedauern es sehr, aber das Ergebnis der Diskussion ist so für uns / für beide Seiten noch nicht akzeptabel.
- Lassen Sie uns das Thema später noch einmal angehen.
- Können wir das bei unserem nächsten Treffen besprechen?

Sprichwörter und Redensarten zu „Rede" und „Verhandlungen"

- *Jemand, von dem man sagt, dass* „sich mit ihm reden lässt", *ist grundsätzlich aufgeschlossen, entgegenkommend und oft auch zu Zugeständnissen bereit. Ganz im Gegensatz zu jemandem, der etwas für völlig ausgeschlossen hält und deshalb sagt:* „Davon kann gar keine Rede sein!" *– eine sehr deutliche Ablehnung, die eher das Ende aller Verhandlungen bedeuten dürfte und deshalb vermieden werden sollte.*

- *Als* „nicht der Rede wert" *kann man z. B. Entschuldigungen oder Rechtfertigungen des Gegenübers erklären, für die man volles Verständnis hat.*

- *Und mit der Wendung* „Langer Rede kurzer Sinn" *– d. h., man hat mit vielen Worten vergleichsweise wenig gesagt – kann man die eigenen (längeren) Ausführungen zum Abschluss bringen, indem man eine (kurze) Zusammenfassung folgen lässt.*

Lerntipps

Beobachten Sie Ihre deutschsprachigen und ausländischen Kollegen bei informellen und offiziellen Gesprächen, wenn sie eine andere Meinung vertreten. Gelten in Ihrem Heimatland ähnliche Regeln oder andere als in „D A CH"?

Was sagen sie?	Ort + Situation	Wie ist die Reaktion des Partners?

10 Konferenzen, Kongresse, Arbeitsgruppen

■ Guten Tag, ich möchte mich anmelden, mein Name ist Cardoso.

□ Bitte tragen Sie sich in die Liste hier ein. Hier sind Ihre Tagungsunterlagen / ist das Programm.

■ Wo findet der Vortrag über ... statt?

□ In Raum 06, hier diesen Gang entlang und dann die zweite Tür links.

■ Das Tagungsbüro ist in Raum 5 und bis 22 Uhr geöffnet.

■ Die Arbeitsgruppen treffen sich jeweils um 14 Uhr in den Konferenzräumen.

■ Alle Vorträge sehen Sie mit Raum- und Zeitangaben auf den Monitoren.

■ Raum- und Programmänderungen werden auf den Monitoren angegeben.

■ Der Eröffnungsvortrag findet im großen Konferenzsaal statt.

■ Der Vortrag von Professor Malthus muss wegen Erkrankung ausfallen.

■ Das Abschlussplenum ist am Samstag um 17 Uhr.

Eröffnung, Programm

informell

- Ich glaube/denke, ...
  - wir können beginnen.
  - wir wollen/sollten dann mal anfangen.
- Darf ich um Ruhe/Aufmerksamkeit bitten?
- Guten Tag, mein Name ist ..., ich freue mich, dass ...
- Wir sind heute zusammengekommen, um über ... zu sprechen.

formell/offiziell

- Meine sehr verehrten Damen und Herren, ...
  - ich darf Sie zu unserer heutigen Versammlung willkommen heißen!
  - ich darf Sie hiermit ganz herzlich zu unserer Tagung begrüßen.
  - im Namen der Veranstalter / der Firma ... heiße ich Sie herzlich willkommen!
  - ich habe die Ehre und das Vergnügen, Sie bei dieser Tagung zu begrüßen!
  - hiermit eröffne ich die Konferenz/Sitzung.
  - hiermit erkläre ich die diesjährige Tagung zum Thema ... für eröffnet.
- Besonders darf ich die auswärtigen Gäste begrüßen!
- Ich stelle fest, dass alle Vorstandsmitglieder vollzählig sind. Damit ist die Versammlung beschlussfähig.
- Ich wünsche der Veranstaltung einen guten Verlauf und viel Erfolg!

Organisatorisches, Protokoll

- Wir müssen für die heutige Sitzung einen Versammlungsleiter/ Protokollführer bestimmen. Ich bitte um Vorschläge!
- Ich schlage Frau Daum für die Leitung vor.
- Herr Hennes, wären Sie so freundlich, das Protokoll zu übernehmen?
- Zu Beginn verlese ich das Protokoll der letzten Sitzung.

- Gibt es Einwände oder Ergänzungen zum Protokoll?
- Ich stelle fest, das Protokoll ist angenommen.

Tagesordnung und Zeitplan

- Heute stehen folgende Punkte auf der Tagesordnung: ...
- Die Tagesordnung haben Sie mit der Einladung erhalten /
  liegt Ihnen vor.
- Gibt es Ergänzungen/Anträge zur Tagesordnung?
- Gegenstand/Ziel/Zweck dieser Sitzung ist ...
- Ich beantrage, ...
  - noch folgende Punkte aufzunehmen.
  - TOP 6 / den Tagesordnungspunkt Nr. 6 von der Tagesordnung
    zu streichen, da wir noch mehr Informationen zu diesem Thema
    brauchen.
  - TOP 7 und TOP 8 vorzuziehen, da sie bei der Entscheidung
    über Punkt 6 wohl mit berücksichtigt werden müssen.
- Heute Vormittag werden wir uns mit dem Thema ... beschäftigen.
- Ich schlage vor, ...
  - dass wir um 13 Uhr eine Pause machen.
  - dass wir dann um 14 Uhr mit den Beratungen fortfahren.
- Ich denke, ...
  - dass wir bei unserem heutigen Treffen zu einer Entscheidung
    kommen sollten.
  - dass wir die Sitzung um 17 Uhr beenden können.
  - dass es anschließend noch Gelegenheit für ein informelles
    Beisammensein geben könnte.

Gesprächsleitung

eine Diskussion eröffnen

- Meine Damen und Herren, ...
  - erlauben Sie mir, die Diskussion mit einem Statement /
    kurzen Referat zu eröffnen.
  - die Diskussion ist eröffnet.
  - darf ich um Wortmeldungen bitten.
- Wer möchte zu diesem Punkt etwas sagen?

das Wort erteilen

- Frau Merkel, Sie haben das Wort!
- Bitte, Herr Sauer.
- Herr Struck, möchten Sie etwas dazu sagen?
- Als Nächstes möchte ich Frau Fischer das Wort erteilen.
- Dann möchte ich das Wort an Herrn Raabe übergeben.
- Frau Mau, Sie sind an der Reihe! Bitte sehr!
- Bitte fahren Sie fort, Herr Lau!

allgemeine Redewendungen bei Diskussionen

- Ich meine/finde/glaube/denke, dass …
- Ich bin der Ansicht/Meinung/Auffassung, dass …
- Ich habe den Eindruck / das Gefühl, dass …
- Es besteht kein Zweifel, dass …
- Es ist die Frage, ob …
- Es ist keine Frage, ob …

die Diskussion strukturieren

- Wir sind jetzt bei Punkt 1 der Tagesordnung.
- Vielen Dank für diese Anmerkungen/Hinweise. Ist dieser Punkt damit jetzt geklärt?
- Können wir jetzt zum nächsten Punkt übergehen?
- Können wir bitte bei der Tagesordnung / beim Thema bleiben!
- Wir kommen jetzt zu TOP 4 / Punkt 4 / zum nächsten Punkt.
- Ich glaube/denke/fürchte, …
  - wir kommen hier vom eigentlichen Thema/Problem ab.
  - das ist in diesem Zusammenhang nicht so wichtig/relevant.
  - damit verlassen wir unsere Tagesordnung.
  - das ist hier nicht mehr ganz unser Thema / steht hier wohl nicht zur Debatte.
- Zur Sache bitte!
- Ich würde gerne …
  - zum nächsten Thema übergehen.
  - dieses Thema auf die nächste Konferenz/Diskussion verschieben.
  - diesen Punkt zurückstellen und später noch einmal aufgreifen.

- Wir kommen später auf das Thema zurück!
- Sind Sie einverstanden, wenn wir diesen Punkt auf die nächste Besprechung verschieben?
- Bitte sprechen Sie nicht alle gleichzeitig.
- Darf ich um Ruhe / eine gemeinsame Diskussion bitten!
- Meine Damen und Herren! Etwas mehr Ruhe bitte!
- Bitte lassen Sie doch Herrn Meier ausreden!
- Bitte lassen Sie Herrn Pflaume ausreden, dann sind Sie an der Reihe, Frau Miller!

Ob Diskussionen und Redebeiträge gleichzeitig, einander überlappend und in evtl. getrennt in kleineren Gruppen verlaufen können, ist je nach Kontext und äußerem Rahmen einer Konferenz unterschiedlich. Es hängt außerdem sehr vom Moderator/ Gesprächsleiter ab. Tendenziell ist in „D A CH" ein geordnetes Nacheinander der Beiträge im Plenum die Regel.

Ergebnisse festhalten *(s. a. Kap. 9)*

- Ich möchte jetzt die Diskussion / das Ergebnis wie folgt zusammenfassen: ...
- Der Mehrheit der Beiträge entnehme ich die Meinung/ Auffassung, dass ...
- Nach der heutigen Konferenz können wir festhalten, ...
- Abschließend können wir, glaube ich, sagen, dass ...
- Insgesamt sind wir uns wohl alle darin einig, dass ...
- Zusammenfassend lässt sich sagen: ...

einen Referenten / ein Thema vorstellen

- Als erste Referentin darf ich Frau Fitzwater vorstellen, die über Friedenspolitik sprechen wird.
- Unser nächster Beitrag kommt von Herrn Onegin zum Thema Energie.
- Das Thema des nächsten Referats ist ...
- Wir kommen zum nächsten Beitrag, nämlich: ... Der Referent ist Herr Nagel.

einen Vortrag halten

- Mein Vortrag / Meine Präsentation / Meine Vorlesung hat das Thema: …
- Mein Beitrag beschäftigt sich mit der aktuellen Entwicklung im Fall des/der/von …
- Ich will Ihnen heute die neuesten Forschungsergebnisse zu … vorstellen.
- Mein Referat gliedert sich in vier Abschnitte: …
  - In der Einleitung werde ich den aktuellen Forschungsstand darstellen,
  - dann werde ich Ihnen meine Thesen erläutern,
  - im dritten Teil / Hauptteil komme ich zu den laufenden Untersuchungen
  - und am Schluss kann ich einen Ausblick auf weitere Arbeiten hierzu geben.
- Lassen Sie mich mit einigen Bemerkungen/Thesen zu … beginnen: …
- Nun zu der Frage: …
- Bisher haben wir über … gesprochen, lassen Sie uns diesen Punkt hier abschließen und weiter zu … gehen.
- Lassen Sie uns zu der Frage / zum Thema … übergehen.

gliedern, verweisen / sich beziehen auf

- Wie ich anfangs erwähnt habe, …
- Wie ich einleitend gesagt habe, …
- Ich habe schon darauf hingewiesen, dass …
- Wie wir später sehen werden, …
- Hier sehen Sie deutlich den Zusammenhang von … mit …
- Bevor ich zu dem Thema … komme, noch einige Bemerkungen zu …
- Aus dieser Aufstellung/Liste geht hervor, dass …
- Wie Sie hier in dieser Tabelle / in diesem Chart / in diesem Diagramm / auf dieser Grafik sehen können, …
- Zu diesem Gesichtspunkt möchte ich Ihnen die folgende Folie / einen kurzen Trailer auf unserer Demo-CD zeigen.

- Weitere Informationen hierzu finden Sie im Handout/Skript/ Internet.

zitieren

- Darf ich an dieser Stelle vielleicht Karl Schiller zitieren, der einmal meinte: „Im Grunde sollten die Menschen selber frei entscheiden, ob sie mehr arbeiten oder mehr Freizeit haben wollen."[1]
- „Die gegenwärtige Krise ist keine vorübergehende Unterbrechung des Wirtschaftswachstums, sondern dessen Ergebnis"[2] – mit diesen Worten von André Gorz möchte ich ...
- Hierzu fällt mir das bekannte Zitat von Theodore Roosevelt ein: „Sprich leise und bringe einen großen Knüppel mit."[3]
- Ich beziehe mich hier auf die Rede des Kollegen / von Herrn ..., der am ... / in der Sitzung vom ... dargelegt hat. Ich zitiere wörtlich: ...
- Hierzu möchte ich gerne aus dem Protokoll zur letzten Sitzung zitieren: ...

einen Vortrag abschließen

- Aus Zeitgründen muss ich ...
  - meinen Vortrag hier abschließen.
  - auf eine ausführliche Darstellung aller Einzelheiten verzichten.
- Ich fasse nur noch die Hauptpunkte zusammen: ...
- Ich will mich darauf beschränken, die Ergebnisse vorzutragen.
- Die Punkte 4 und 5 lasse ich hier weg, die Informationen dazu finden Sie in ...

---

1 zitiert nach: Alojado Publishing:
URL: http://www.gutzitiert.de/zitat_autor__thema__zitat_1279.html, 14. 05. 2008
2 zitiert nach: „Der Duden in 12 Bänden; das Standardwerk zur deutschen Sprache",
hrsg. vom Wissenschaftlichen Rat der Dudenredaktion, Bd. 12, „Duden. Zitate und
Aussprüche", Mannheim 2002, S. 908
3 zitiert nach: „Der Brockhaus multimedial 2007", Bibliographisches Institut &
F. A. Brockhaus AG, 2007: Stichwort „Roosevelt, Theodore"

- Ich muss/möchte mich hier kurz fassen, aber wir können darüber gerne im Anschluss an meinen Vortrag weiter diskutieren.
- Ich komme nun zum Ende meines Referats/Vortrags und möchte die wichtigsten Punkte noch einmal zusammenfassen/wiederholen.
- Für Ihre Fragen stehe ich nun gerne zur Verfügung.
- Ich danke für Ihre Aufmerksamkeit!

die Diskussion nach einem Referat leiten

- Ich danke dem Referenten / der Referentin für seinen/ihren interessanten/anregenden Beitrag und bitte um Fragen/Wortmeldungen hierzu.
- Gibt es Fragen an den Referenten?
- Ich sehe drei Wortmeldungen, und zwar in folgender Reihenfolge: Frau Schütze, Herr Amoroso und dann der Herr dahinten.
- Ich bitte Sie darum, Ihre Redebeiträge/Fragen auf ein, zwei Minuten zu begrenzen.
- Bitte fassen Sie sich kurz. Vielen Dank!
- Wenn keine weiteren Wortmeldungen vorliegen, ...
  - schließen wir das Thema / die Diskussion ab.
  - fasse ich die Ergebnisse / die wichtigsten Punkte kurz zusammen.

den Referenten ansprechen *(s. a. Kap. 9)*

- Frau Lahrmann, ...
  - ich habe noch eine Frage zu Ihrer These, dass ...
  - können Sie vielleicht bitte noch etwas mehr auf die Geschichte / die Ursprünge dieser Entwicklung eingehen?
  - mich würde interessieren, wie / ob / seit wann ...
- Herr Berner, Ihrer These/Meinung, dass ..., würde ich grundsätzlich voll und ganz zustimmen. Nur eines ist mir in diesem Zusammenhang nicht ganz klar: ...
- Ich bin in dieser Frage ganz Ihrer Meinung, möchte aber noch etwas ergänzen.
- Wenn ich Sie richtig verstanden habe, gehen Sie davon aus, dass ...

- Ich möchte hier an das anknüpfen, was Sie gesagt haben: ...
- Frau Palazzi, Sie haben ein Thema angesprochen, das ...
- Ich kann Ihre Meinung/Auffassung gut verstehen, aber ...
- Nach meiner Kenntnis/Erfahrung verhält sich die Sache so: ...
- Ich sehe die Sache etwas anders, denn ...
- Mir scheint es fraglich, ob ...
- Hier möchte ich doch widersprechen.
- Hier habe ich einige Bedenken/Zweifel / ganz andere Erfahrungen.

Gruppenarbeiten

- Diese Arbeitsgruppe soll sich mit der folgenden Frage
  beschäftigen: ...
- Die Arbeit kann folgendermaßen auf die einzelnen Gruppen
  verteilt werden: ...
- Ich schlage vor, dass wir uns kurz vorstellen. Ich heiße ...
- Wären Sie einverstanden / Haben Sie etwas dagegen /
  Was halten Sie davon, wenn wir uns mit Du anreden? *(Vgl. S. 68.)*

■ Ich schlage vor, dass wir uns mit Du anreden. Das erleichtert die Zusammenarbeit.	□ Ja, gerne/einverstanden.
■ Wollen wir uns duzen?	□ Mir wäre es lieber / Ich würde mich wohler fühlen, wenn wir während unserer Arbeitsbeziehung beim „Sie" bleiben könnten.

- Unsere Aufgabe ist es, ...
- Wer möchte ...
  - die Diskussion leiten?
  - die Leitung übernehmen?
  - das Protokoll schreiben?
- Wer ist bereit ...
  - in dieser Frage zu recherchieren und die Ergebnisse in der
    Gruppe vorzutragen?
  - die Ergebnisse unserer Arbeitsgruppe zu dokumentieren und
    anschließend im Plenum zu präsentieren?

Ergebnisse präsentieren *(s. a. Kap. 9)*

- Unsere Arbeitsgruppe hatte das Thema / die Aufgabe / das Ziel …
- Wir haben folgende Fragen behandelt / sind folgende Punkte der Reihe nach durchgegangen: Erstens … Zweitens …
- Wir haben uns auf das Wichtigste konzentriert, nämlich …
- Wir waren uns darin einig, dass … / nicht darin einig, ob …
- Auf folgende Ergebnisse/Vorschläge/Thesen haben wir uns geeinigt / konnten wir uns verständigen.

einen Antrag stellen, jemanden/sich zur Wahl stellen

- Herr Vorsitzender, ich stelle den Antrag, dass …
- Mein Antrag/Vorschlag zu Punkt 7 ist folgender: …
- Ich möchte Herrn Schleck als Vorsitzenden vorschlagen.
  □ Vielen Dank, Frau Dettel, aber ich stehe für eine Wahl leider nicht zur Verfügung. Wie wäre es mit Ihnen?
- Gut, dann will ich mich zur Wahl stellen.

einen Antrag unterstützen/ablehnen

- Ich möchte den Antrag von Frau Merk unterstützen.
- Wer ist dafür?
- Ich bin dafür, weil …
- Nein, ich bin gegen diesen Vorschlag/Antrag, weil …
- Ich möchte einen Gegenantrag stellen!

abstimmen

- Ich schlage vor, dass wir über diesen Antrag / diese Frage abstimmen.
- Die Personalwahlen werden in geheimer Abstimmung durchgeführt.
- Wir kommen zur Abstimmung / zur Wahl. Wer ist für den Antrag?

- Bitte heben Sie die Hand!
- Darf ich um (Ihr) Handzeichen bitten!
- Wer ist gegen den Antrag? / Gegenstimmen?
- Gibt es Stimmenthaltungen?

das Abstimmungsergebnis bekannt geben

- Ich stelle fest, …
  - der Antrag ist mit 15 (Ja-) zu 10 (Nein-)Stimmen angenommen.
  - der Antrag ist einstimmig angenommen.
  - der Antrag wurde mit 20 (Nein-) zu 8 (Ja-)Stimmen abgelehnt.
- Ich stelle hiermit fest: …
  - 12 Mitglieder haben dafür, 6 dagegen gestimmt. Der Antrag ist damit angenommen.
  - Frau Dettel ist zur Vorsitzenden gewählt worden.
  - Nur 8 von 20 Mitgliedern haben für den Antrag gestimmt, der Antrag hat also keine Mehrheit und ist abgelehnt.
  - Herr Müller hat die erforderliche Mehrheit nicht erreicht.
- Die Versammlung hat beschlossen, dass …

eine Versammlung beenden

informell

- So, das haben wir geschafft. *(ugs.)*
- Das war's dann wohl für heute.
- Haben wir etwas vergessen?
- Ich schlage vor, wir machen hier für heute Schluss! / wir hören hier für heute auf!

formell/offiziell

- Gibt es noch Wortmeldungen?
- Damit ist der letzte Punkt der Tagesordnung erledigt.
- Wenn niemand mehr das Wort wünscht, schließen wir die Versammlung.

- Die nächste Sitzung ist am 31. März. Eine offizielle Einladung geht Ihnen noch zu / wird Ihnen noch zugesandt.
- Die Sitzung ist geschlossen.

Schlussformeln

- Ich danke ...
  - allen für Ihren Besuch!
  - allen für die lebhafte Diskussion! Sie hat uns gezeigt, dass ...
  - allen Rednern für ihre Beiträge und wünsche eine gute Heimreise!

Sprichwörter und Redensarten zum Thema „Konferenzen/Arbeitsgruppen"

- „Erst die Arbeit, dann das Vergnügen" – lautet nach wie vor das Motto bei den meisten Konferenzen und Arbeitsgruppen in „D A CH". Dabei wird ein offizieller, formeller Teil, in dem möglichst zügig die Punkte der Tagesordnung abgearbeitet werden sollen, deutlich getrennt von einem zweiten, eher informellen Teil, in dem es dann nach Sitzungsende oder beim Essen in einem

Restaurant auch Platz für persönliches Kennenlernen und privaten Gedankenaustausch geben kann.

- „(Noch) Ein Fass aufmachen" – *meint so viel wie einen neuen/weiteren Punkt zur Sprache bringen, der viel Stoff für Diskussionen beinhalten dürfte, die dann vermutlich leicht* „den Rahmen sprengen", *also über das Tagungsziel hinausgehen werden.*

- „Am grünen Tisch / Vom grünen Tisch aus" – *werden in Konferenzen oft Dinge beschlossen, die in der Praxis nicht umsetzbar sind, weil sie die Realität nur mangelhaft berücksichtigen.*

- „Jemanden mit ins Boot holen" – *bedeutet so viel wie jemanden an einem Projekt beteiligen.*

- „Alle/Alles unter einen Hut bringen": *für die unterschiedlichsten Interessen eine gemeinsame Lösung finden*

- „Dort liegt der Hund begraben" *(ugs.)* – *wirft jemand gerne in die Debatte ein, wenn er glaubt, den Kern des Problems, also die eigentliche Ursache einer schwierigen Situation, entdeckt zu haben.*

- *Wer bei Verhandlungen gerne* „den Kopf in den Sand steckt", *schließt die Augen vor der Realität – ganz im Gegensatz zu jemandem, der* „den Stier bei den Hörnern packt", *also offensiv das Thema anspricht oder in die Auseinandersetzung geht.*

- „Zu neuen Ufern aufbrechen" – *möchte jemand, der eine Vision hat und die alten Strukturen grundlegend verändern will.*

91

Lerntipps

Beobachten Sie eine deutsche Talkshow!
- *Wie werden die Teilnehmer vorgestellt?*
- *Wie wird das Thema eingeführt!*
- *Wer macht das erste Statement?*
- *Kann jeder Teilnehmer ausreden oder wird die Diskussion oft unterbrochen?*
- *Wie ist die Körperhaltung der einzelnen Redner?*
- *Wie und mit welchen Worten steuert der Moderator die Diskussion.*

Beobachten Sie eine Diskussion in Ihrer Firma!
- *Wie ist der Moderator bestimmt worden?*
- *Wie beginnen deutsche Kollegen ihre Redebeiträge?*
- *Wie beginnen die ausländischen Teilnehmer ihre Beiträge?*
- *Werden die Ergebnisse offiziell zusammengefasst und festgehalten?*

11 Messe

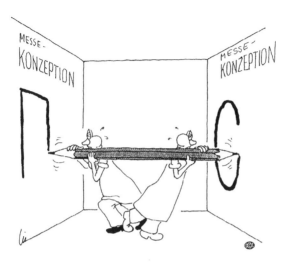

bekannte Messebesucher am Stand begrüßen

- Guten Tag, Frau Hermann, es freut mich, dass Sie unseren Stand besuchen.
- Guten Tag, Herr Fischer, schön, Sie hier zu sehen!

□ Guten Morgen, Frau Simon, ist Ihre Firma auch wieder mit einem Stand auf der Messe vertreten?

- Ja, natürlich! Wie geht es Ihnen? Wir haben uns ja lange nicht gesehen! Haben Sie Zeit für eine Tasse Kaffee?

unbekannte Besucher ansprechen

- Guten Tag, kann ich Ihnen helfen?
- Schauen Sie sich in Ruhe um.

- Kennen Sie unsere Produkte schon?
- Falls Sie Fragen haben, würde ich Ihnen gerne helfen!
- Kennen Sie unsere Firma / unseren Messestand schon?
- Haben Sie unser neuestes Modell schon gesehen / von unserer Neuentwicklung schon gehört?

als Kunde das Gespräch beginnen

- Guten Tag, ich möchte mich nur ein wenig umschauen.
- Guten Tag, meine Name ist … Ich komme aus der …-branche und interessiere mich für …
- Hätten Sie einen Moment Zeit?
- Kann ich mir Ihre Muster ansehen?
- Können Sie mir bitte ein paar Auskünfte zu … geben?
- Haben Sie einen Prospekt / eine Broschüre / einen Katalog zu/über …, den/die ich mitnehmen kann?
- Was für Neuheiten gibt es bei Ihnen dieses Jahr?
- So, was haben Sie denn Neues dieses Jahr? *(fam.)*

den Kunden befragen

- Wie gefällt Ihnen unser …?
- Kennen Sie unsere Firma / unsere Produkte/Dienstleistungen bereits?
- Wie sind Sie auf uns aufmerksam geworden?
- Darf ich fragen, welche Firma/Branche Sie vertreten?
- Welches Modell käme für Sie denn grundsätzlich infrage?
- Wofür / Für welchen Einsatzbereich brauchen Sie die Maschine / das Gerät / das Werkzeug denn?
- Wären Sie so freundlich, uns ein paar Fragen zu beantworten? / unseren Fragebogen auszufüllen? Es dauert nur fünf Minuten.
- Hätten Sie vielleicht eine Visitenkarte für mich?

Informationen zu Firma und Produkten geben *(s. a. Kap. 8)*

- Unsere Firma …
  - ist der führende Hersteller von … in Österreich.
  - ist auf die Herstellung von … spezialisiert.

– ist Marktführer auf dem Gebiet der …
– hat gerade einige Neuentwicklungen herausgebracht: …
– hat Standardlösungen für alle Anforderungen.
– entwickelt nur individuelle Lösungen für jeden Kunden.
■ Wir sind seit über 20 Jahren auf dem deutschen Markt vertreten/
etabliert.
■ Unsere Geräte/Produkte werden unter dem Namen …
vertrieben.
■ Die aktuellen Modelle und die Listenpreise finden Sie hier im
Katalog.
■ Die Preislisten für das nächste Jahr können Sie gerne mitnehmen.
Wenn Sie aber dieses Jahr bestellen, gelten noch die aktuellen
Konditionen.
■ Wenn Sie sich auf der Messe für eine Bestellung / einen Kauf
entscheiden, …
– können wir Ihnen einen Messepreis / Messerabatt von 20 %
anbieten.
– übernehmen wir die Servicekosten für das erste Jahr.
■ Wir haben Service-/Vertriebspartner in allen größeren Städten, die
Ihnen vor Ort gerne weiterhelfen.
■ Gerne können wir Ihnen eine Referenzliste unserer Kunden
zusenden.

Fragen des Kunden

■ Können Sie mir bitte kurz erklären/zeigen/sagen, …
– welche Neuheiten/Modelle Sie dieses Jahr auf den Markt
bringen?
– in welchen Farben/Materialien das Produkt lieferbar ist?
– ob Ihre Produkte den EU-Standards entsprechen?
– wie die Garantie- und Lieferzeiten derzeit aussehen?
– wie viele Exemplare sie hiervon schon verkauft haben?
■ Haben Sie auch einen Kundendienst/Vertriebspartner in …?
■ Verfügen Sie über Referenzen?
■ Wie sieht es bei Ihnen mit der Garantie / den Lieferzeiten aus?
■ Haben Sie einen besonderen Messepreis/-rabatt / ein
spezielles Angebot / spezielle Konditionen während der Messe?

- Welche Werbe-/Promotionmaßnahmen sind von Ihrer Seite hierzu geplant?

Interesse ausdrücken

- Das ist sehr interessant!
- Das klingt ja gut!
- Ja, dieses Angebot interessiert mich!
- Ich finde das Produkt/Modell sehr interessant ...
  - und halte eine Zusammenarbeit unserer Firmen grundsätzlich für möglich.
  - und bitte Sie, mir zusätzliche Informationen hierzu zu schicken.

nähere Informationen anbieten

- Wenn Sie Interesse / etwas Zeit haben, ...
  - würde ich Ihnen gerne unsere Produktpalette vorstellen.
  - kann ich Ihnen das Gerät kurz vorführen.
- Wenn Sie möchten, ...
  - können wir nach der Messe gerne einen Besuch bei Ihnen in der Firma vereinbaren.
  - schicke ich unseren Außendienst/Kundenbetreuer bei Ihnen vorbei.
  - können Sie sich auch in unserer neuen Filiale in ... informieren.
  - können Sie das Gerät vier Wochen kostenlos testen.
  - schicke ich Ihnen ein Angebot.
- Das ist unsere neue Software zum Bereich Qualitäts- management – darf ich Sie Ihnen näher vorstellen?
- Haben Sie schon von unserem Verpackungsmaterial aus nach- wachsenden Rohstoffen gehört? Wenn Sie nähere Informationen dazu wünschen, dann ...
- Möchten Sie einen Prospekt / einen Katalog / eine Demo-CD-ROM mitnehmen?
- Um 15 Uhr haben wir eine Präsentation – wenn Sie Zeit haben, sind Sie herzlich eingeladen.

■ Lassen Sie mir doch bitte Ihre Karte/E-Mail-Adresse hier, dann …
  - sende ich Ihnen gerne die aktuellen Kataloge / Preislisten /
    Muster / eine Demo-CD-ROM zu.
  - maile ich Ihnen einen Link zu der Seite unserer Homepage, auf
    der die aktuellen Entwicklungen vorgestellt werden.

Kundenbetreuung und Einladung

■ Darf ich Sie bitten/einladen, hier am Tisch Platz zu nehmen!
■ Darf ich Ihnen etwas anbieten? Einen Kaffee oder lieber etwas
  Kaltes?
■ Wenn Sie etwas Zeit haben, würde ich Sie gerne zum Essen
  einladen!
■ Kommen Sie doch mit ins Messerestaurant, dort können wir uns
  in Ruhe etwas unterhalten. Selbstverständlich sind Sie mein
  Gast / lade ich Sie ein.
■ Kommen Sie doch mal in unsere Ausstellungsräume in Berlin!
■ Ich habe Ihre Wünsche notiert und …
  - schlage vor, dass wir demnächst einen Termin vereinbaren / uns
    nach der Messe kontaktieren.
  - vielleicht könnten wir uns nächste Woche in meinem Büro
    treffen?
  - wir können nach der Messe in Ruhe über ein Angebot sprechen.
  - ich werde Ihnen gerne weitere Informationen und ein
    detailliertes Angebot schicken.
  - unser Vertrieb wird sich mit Ihnen in Verbindung setzen.

sich verabschieden

■ Vielen Dank für die Beratung.
  Ich muss mir das noch
  überlegen.

■ Danke für Ihre freundliche
  Auskunft! Jetzt möchte ich
  mich noch etwas weiter
  umsehen.

☐ Ja, gerne. Und wenn Sie
  Fragen haben, rufen Sie
  mich bitte an. Hier ist meine
  Karte.

☐ Wir würden uns sehr freuen,
  von Ihnen zu hören. Noch
  einen angenehmen Messe-
  aufenthalt!

■ Es hat mich gefreut,
Sie kennenzulernen.
Ich nehme jetzt mal Ihre
Prospekte mit und komme
dann wieder auf Sie zu.

□ Ja, machen Sie das! Ich
hoffe, wir sehen uns bald in
unserem Geschäft / unserer
Niederlassung in …

Sprichwörter und Redensarten rund ums Thema „Messe"

• „Nicht kleckern, sondern klotzen" – *Viele Firmen betreiben
keinen kleinen, sondern oft einen erheblichen Aufwand gerade
auf Messen. Jedes Unternehmen versucht, möglichst viel
Aufmerksamkeit für seine neuesten Produkte zu wecken. Am
besten gelingt das natürlich mit einer echten* „Weltneuheit",
die „viel von sich reden macht" *oder sogar* „mächtig Staub
aufwirbelt", *also für ein großes Medieninteresse sorgt.*

- *Firmen, die sich dabei* „mit fremden Federn schmücken", *indem sie Produktpiraterie betreiben, also versuchen, Plagiate (Nachahmungen der Produkte anderer Firmen) abzusetzen, trifft man dabei leider ebenfalls hin und wieder.*

- *Auch auf Messen gilt* „Der Kunde ist König!". *Seine Bedürfnisse stehen also im Vordergrund und sollten vom Standpersonal erkannt werden: den bloß allgemein interessierten Besucher nicht mit* „einer Flut von Informationen überschütten", *sich aber ausreichend* „Zeit für jemanden nehmen", *der sich für Details interessiert.*

Lerntipps

Welche Redewendungen hören Sie auf Messen, wenn jemand
- *begrüßt wird?*
- *um Informationen bittet?*
- *sich verabschiedet?*

Redewendung	Situation	Bemerkung

12 Interkulturelle Konflikte, Tabus und „Fettnäpfchen"

Inkompatibilität

- Wie sollen wir's mit der Anrede halten?
- Ich fände es am besten, wenn wir uns mit Du/Sie anreden würden.
- Wären Sie einverstanden, wenn wir uns mit Du anreden? Ich heiße Franz.
  □ Ja, gerne. Ich heiße Cheol, aber nenn mich einfach Peter.
- Mir wäre es lieber, wenn wir uns weiterhin mit Sie anreden.
- Verzeihen Sie, aber bei der Anrede mit Du habe ich / haben wir den Eindruck / das Gefühl, dass ...
- In unserem Land ist es ganz üblich, dass wir Kollegen/Vorgesetzte immer in der „Sie"-Form / „Du"-Form / mit dem Familien-/Vornamen/Titel anreden.
- Eine Frage: Wie hält man es in Ihrer Firma mit (akademischen) Titeln?
  □ Bei den Kollegen in unserer Abteilung können Sie den „Doktor" ruhig weglassen.

- Da manche ausländischen Namen für Deutsche schwer aus-
zusprechen und zu merken sind, geben sich z. B. Asiaten
(wenn das Du vereinbart ist) öfter einfach europäische
Vornamen.

- Titel (wie „Doktor", „Professor") werden bei der ersten
Vorstellung meist genannt. Später, bei häufigerem Umgang,
können sie weggelassen werden. Dies schlägt der Inhaber
des Titels meist selber vor. Funktionsbezeichnungen (wie
„Direktor", „Geschäftsführer" u. Ä.) werden meist nur bei
der ersten Vorstellung genannt, in Österreich teilweise aber
auch öfter.

ein Thema ansprechen *(s. a. Kap. 1)*

- Entschuldigen Sie, aber ich würde gerne einmal folgendes Thema
ansprechen/anschneiden: …
- Wenn Sie damit einverstanden sind, sollten wir mal über …
sprechen.
- Vielleicht sollten wir zuerst klären, ob/was/wer …
- Beginnen wir mit doch mit der Frage, ob/was/wer …

ein problematisches Thema/Verhalten ansprechen

- Vielleicht haben Sie bemerkt, dass …
- Entschuldigen Sie bitte, aber bei uns ist es normal / üblich /
nicht normal / nicht üblich, wenn/dass …
- Wahrscheinlich wollten Sie damit sagen, dass … Sie sollten aber
wissen, dass das so aufgefasst werden könnte, als ob …
- Bitte nehmen Sie es mir nicht übel, aber Ihre Worte könnten so
interpretiert werden, dass …
- Seien Sie mir bitte nicht böse, aber Ihr Verhalten könnte
bewirken, dass sich jemand verletzt/beleidigt fühlt.
- Vielleicht sollten wir einmal in aller Ruhe klären, was mit …
gemeint war/ist?

Eindrücke/Erfahrungen/Beobachtungen beschreiben *(s. a. Kap. 5)*

- Ich finde, ...
- Was mich betrifft, so ist mir aufgefallen, dass ...
- Ich kann aus meiner Erfahrung bestätigen / nicht wirklich bestätigen, dass ...
- Das entspricht durchaus meinen Erfahrungen / nicht ganz meinen Erfahrungen.
- Bei den Menschen, die ich kenne / getroffen habe / mit denen ich zu tun habe, ist es so, dass ...
- Ich habe bemerkt/beobachtet, dass die Deutschen ...
- Ich habe den Eindruck, dass man hier / bei Ihnen ...
- Ich habe in Deutschland die Erfahrung/Beobachtung gemacht, dass man hier ...
- Ich empfinde/erlebe die Deutschen als ...
- Nach Aussagen meiner Kollegen ist das Auftreten der Deutschen manchmal ...
- Mir erscheinen die Schweizer oft ...
- Man kann nicht sagen, dass alle Österreicher ...
- Entschuldigen Sie bitte, ich bin nicht genau informiert, wie ist das eigentlich bei Ihnen in Österreich?
- Gibt es Unterschiede zwischen dem Westen und dem Osten in Deutschland?

Sprachprobleme ansprechen *(vgl. a. Kap. 6)*

- Wie heißt das bei Ihnen?
- Was verstehen Sie genau unter ...?
- Was meinen Sie mit ...?
- Was genau ist gemeint, wenn man ... sagt? / man von ... spricht?
- Kann man dazu ... sagen?
- Ist es richtig, dass ... so viel wie ... bedeutet?
- Entschuldigen Sie, ...
  - aber können Sie das vielleicht auf Englisch / in meiner Muttersprache sagen?
  - können Sie mir vielleicht helfen, ... auf Deutsch zu sagen / auszudrücken / ins Deutsche zu übersetzen?

- Ist das so etwas Ähnliches / das Gleiche wie … (in meiner Sprache / meinem Land)?
- Wird das Wort nur in dieser Bedeutung / in diesem Kontext verwendet?
- Ist das ein österreichischer Ausdruck für …?
- Haben Sie für „Brötchen" in der Schweiz ein anderes Wort?
- Sagt man dafür in Norddeutschland vielleicht …, im Süden dagegen …?
- In Leipzig/Niedersachsen/Tirol habe ich … gehört/gelesen/gesehen – was bedeutet das?

Wörter/Ausdrücke erklären

- „Freizeit" – das bedeutet (für mich) …
- Damit ist bei uns gemeint: …
- In diesem Kontext bedeutet das Wort / die Wendung …
- Heute verwenden wir / verwendet man bei uns dafür häufig das Wort / den Ausdruck …
- Hier / In diesem Zusammenhang passt „Lebensstil" vielleicht doch besser als bloß „Lifestyle".
- Für diesen Beruf haben wir kein deutsches Wort – wir sprechen von einem „Artdirector".
- Diese Redewendung kann man nicht direkt übersetzen, …
  - sie bedeutet aber ungefähr: …
  - vielleicht kann man es so umschreiben: …
  - aber es gibt in Ihrer Sprache etwas Ähnliches: …

Für viele Begriffe in den Bereichen Technik, Wirtschaft, Finanzen, Gastronomie und Mode gibt es keine deutschen Bezeichnungen. Dafür haben sich internationale Wörter eingebürgert, vor allem aus dem Englischen. In der Schweiz stammen viele Wörter außerdem aus dem Französischen und Italienischen, in Österreich aus den slawischen Sprachen. Dazu kommen immer wieder auch Varianten der einzelnen Dialekte, sodass die Kommunikation auch unter Deutschsprachigen manchmal nicht ganz einfach ist und öfter durch Nachfragen gesichert werden muss.

Tabuwörter vermeiden

- Statt … würde man wohl besser … sagen.
- Kann ich dazu statt … auch … sagen?
- Um das auszudrücken, wäre es besser, das Wort / die Bezeichnung … zu verwenden.
- In diesem Zusammenhang würde man wohl besser den Ausdruck … gebrauchen.
- Entschuldigung, aber diese Redewendung ist vielleicht doch etwas sehr umgangssprachlich.
- Verzeihen Sie bitte, … ist zwar ein Modewort, aber in diesem Kontext hier nicht gebräuchlich.
- Dieses Wort würde ich hier lieber nicht gebrauchen / nicht übersetzen wollen.
- Den Ausdruck … kann man hierzulande vielleicht im Freundeskreis benutzen, aber besser nicht im Büro.

kulturbedingte Missverständnisse ansprechen *(s. a. Kap. 6 und 9)*

- Entschuldigen Sie, aber was genau wollen Sie mit … sagen?
- Ich bin mir nicht ganz sicher, wie Sie das jetzt meinen.
- Vielleicht hatte ich Sie falsch verstanden, als Sie sagten … Ich dachte dabei an … / daran, dass …
- Ich glaube, ich verstehe nicht ganz, worauf Sie jetzt hinauswollen.
- Verstehen wir uns hier richtig? Wenn wir von … sprechen, meinen wir doch … / denken wir doch an … / beziehen wir uns doch auf …, oder?
- Wie ist das eigentlich bei Ihnen? Woran denken die Deutschen, wenn sie in diesem Zusammenhang von … sprechen?
- Ist es richtig, dass man bei Ihnen …?
- Ich habe den Eindruck, dass man hier bei Ihnen … Oder täusche ich mich da?
- Ich weiß nicht genau, wie das bei Ihnen im Einzelnen so abläuft / vor sich geht. Bei uns ist es so, dass man in dieser Situation …
- Vielleicht verwundert Sie das, aber in meinem Heimatland würde man das jetzt eher so auffassen, als ob …

Probleme bei der Zusammenarbeit ansprechen

■ Bei Besprechungen/Verhandlungen/Diskussionen mit Deutschen oder Österreichern ...
 – ist es manchmal so / kommt es oft vor, dass ...
 – kann es passieren, dass ...
 – entsteht bei uns leicht der Eindruck / das Gefühl, dass ...
 – wissen wir oft nicht, wie ...
 – fragen wir uns häufig, ob ...
■ Entschuldigen/Verzeihen Sie, aber wenn ich/wir mit deutschen Partnern/Kunden/Investoren/Lieferanten/Kollegen spreche/ sprechen, dann ...
 – habe ich manchmal das Gefühl, dass ...
 – klingt das für uns oft so, als ob ...
 – empfinden wir das leicht als ...
 – sind sie/wir manchmal überrascht/verunsichert/ratlos/irritiert/ verärgert, weil ...
 – kommt es schnell zu Missverständnissen/Spannungen/ Irritationen, weil ...
 – haben wir oft Meinungsverschiedenheiten/Konflikte/ Verständigungsschwierigkeiten bei ...
■ Die Österreicher haben die Gewohnheit, ... Das empfinden wir oft/schnell/leicht als unfreundlich/arrogant/störend/verwirrend.
■ Wenn es darum geht, dass ..., dann reagieren die Schweizer häufig ...
■ Für uns Japaner/Franzosen/... klingt das oft sehr direkt/hart/brüsk, wenn die Deutschen ihre Position formulieren.
■ Wenn man etwas zu kritisieren hat, würde man das in meinem Heimatland sofort / nicht sofort / direkt / niemals so direkt / ganz offen / nicht so offen ansprechen.

In „D A CH" ist der Arbeits- und Verhandlungsstil eher sach- bezogen, weniger personenbezogen. Sowohl sachlich-inhaltliche Probleme als auch sprachliche und/oder kulturbedingte Schwie- rigkeiten können und sollten daher in aller Regel offen angespro- chen werden. So können Missverständnisse schnell behoben und der Arbeitsablauf erleichtert werden.

Verärgerung/Unzufriedenheit/Enttäuschung/Ablehnung ausdrücken
(s. a. Kap. 9 und 10)

- Ich empfinde es als etwas/ziemlich/sehr unfreundlich/respektlos, wenn …
- Es ist leider sehr ärgerlich, wenn …
- Entschuldigen Sie, aber ich muss schon sagen, …
  - das wird bei uns als unhöflich/unpassend/unprofessionell angesehen.
  - dass ich mich über … sehr geärgert habe.
  - dass mich … gestört/irritiert/überrascht/verunsichert hat.
- Verzeihung, …
  - aber bei uns ist es üblich, dass …
  - wird es als höflich/angebracht/korrekt empfunden, wenn man …

auf Kritik reagieren

- Es tut mir leid, …
  - ich wollte Sie nicht verletzen.
  - niemand(en) beleidigen.
  - aber ich wollte damit sagen / zeigen / deutlich machen, dass …
- Ich verstehe Ihre Kritik/Meinung/Position gut / nicht ganz / nur zur Hälfte, denn …
- Vielleicht kann ich das näher erklären: …
- Es ist richtig, dass … Andererseits …
- Ich kenne das zwar auch, aber …
- Können wir bitte sachlich / bei der Sache bleiben.

einen Kompromiss finden, einen Konsens herstellen *(s. a. Kap. 9)*

- Machen wir einen Kompromiss!
- Ein Kompromiss könnte es ja sein, wenn …
- Davon könnten/müssten doch beide Seiten profitieren!
- Beides hat seine Vor- und Nachteile, vielleicht hilft uns hier ein Kompromiss?
- Hätte es nicht für alle Vorteile, wenn …?

- Ich verstehe Ihre Position sehr gut, aber verstehen Sie bitte auch mich/uns, wenn ich/wir …
- In dieser Frage kann man es vermutlich nicht allen recht machen, aber das Beste für alle Beteiligten wäre es vielleicht, wenn …

sich entschuldigen *(s. a. Kap. 9)*

- Entschuldigung! / Entschuldigen Sie bitte!
- Verzeihung! / Verzeihen Sie bitte!
- Ich möchte mich vielmals entschuldigen!
- Ich glaube, hierfür muss ich mich entschuldigen.
- Ich möchte mich in aller Form bei Ihnen entschuldigen!
- Pardon! *(bei kleineren Versehen)*
- Verzeihung, ich wollte wirklich niemand(en) verletzen/beleidigen.
- Entschuldigen Sie, vielleicht habe ich mich etwas missverständlich ausgedrückt, ich meinte eigentlich …
- Entschuldigen Sie bitte meine unzureichenden Deutschkenntnisse, ich will sagen, …

Sprichwörter und Redensarten zu „Fettnäpfchen"

- *Ein „Fettnapf" (ein Topf mit Fett) stand früher in manchen Häusern, um sich die Stiefel einzureiben. Wer versehentlich hineintrat, benahm sich also sehr ungeschickt und machte die Wohnung schmutzig.* „Ins Fettnäpfchen treten" *heißt also so viel wie gegen die Etikette verstoßen oder sich rücksichtslos benehmen. Andere Ausdrücke hierfür:* „sich danebenbenehmen", „sich (mit etwas bei jemandem) in die Nesseln setzen", „sich bis auf die Knochen blamieren" *oder* „sich wie ein Elefant im Porzellanladen benehmen".

- *„Delikat" meint in Bezug auf Speisen so viel wie „köstlich", „lecker", „wohlschmeckend". Ein* „delikates Thema" *hingegen ist eines, das Takt und Diskretion erfordert, wenn man es gegenüber seinem Gesprächspartner ansprechen möchte, ohne ihn zu verletzen. Interkulturelle Probleme mit der Etikette bespricht man in „D A CH" eher offen, statt sie* „unter den Teppich zu kehren", *also verbergen zu wollen.*

- *Mit der Floskel* „Nichts für ungut!" *kann man leicht signalisieren, dass man etwas nicht „ungut", also nicht böse gemeint hat.*

Lerntipps

Beobachten Sie Ihre deutschen Kollegen (oder auch Personen in deutschsprachigen Filmen): Was sagen – oder tun – sie, wenn sie Nein meinen, dies aber nicht so direkt sagen wollen. Fragen Sie sie auch direkt oder Ihren Deutschlehrer.

Situation	Redewendung	Entsprechung in meiner Sprache
Zwei Kollegen wollen nach der Arbeit noch in eine Bar gehen und fragen einen dritten: „Kommst du mit?"	Dieser antwortet: „Heute sieht's bei mir leider schlecht aus!" Oder: „Nächstes Mal wieder!"	

13 Glückwünsche und Komplimente

gratulieren

- Herzlichen Glückwunsch zu Ihrer neuen Position/Stelle/Aufgabe!
- Meine herzlichsten Glückwünsche zum Geburtstag!
- Ich möchte Ihnen (auch im Namen meiner Mitarbeiter und Mitarbeiterinnen) ganz herzlich zur Hochzeit / zur Geburt Ihrer Tochter gratulieren!

- Einfach nur „Glückwunsch!" sagt man eher bei einer Kleinigkeit, die dem anderen gerade gelungen ist.

- Den glücklichen Zufall, für den man selbst (oder auch der Konkurrent) vielleicht nicht so sehr viel kann, kommentiert man häufig mit „Glück gehabt!" oder *(ugs.)* „Schwein gehabt!".

Beileid ausdrücken

Mein herzliches Beileid!
(Auch) Ich möchte Ihnen meine Anteilnahme / mein aufrichtiges Beileid aussprechen!

auf Glückwünsche, Beileid reagieren

- Danke!
- Vielen herzlichen Dank!
- Haben Sie ganz herzlichen Dank!

Komplimente machen

- Das ist sehr schön!
- Das gefällt mir sehr gut!
- Das ist eine hervorragende Leistung!
- Das kann sich (wirklich) sehen lassen!
- Mein Kompliment!
- Alle Achtung!
- Hut ab! *(ugs.)*
- Ausgezeichnet!/Tadellos!/Einwandfrei!
- Super!/Genial!/Klasse! *(ugs.)*
- Ihr Deutsch ist jetzt ja schon ziemlich gut! Machen Sie weiter so!

Sprichwörter und Redensarten zu „Glück" und „Komplimenten"

- „Sein Glück macht" – *wer erfolgreich ist. Manchmal, indem er* „sein Glück herausfordert", *also sein Glück versucht und dabei ein Risiko eingeht; manchmal sogar auch, indem er* „dem Glück ein wenig nachhilft", *d. h. auch Mittel anwendet, die eigentlich nicht ganz fair oder erlaubt sind.*

- *Jemand, der* „mehr Glück als Verstand hat", *hat ganz einfach unglaublich viel Glück;* „Glück im Unglück" *hat dagegen jemand, dem sehr leicht noch etwas viel Schlimmeres hätte passieren können.*

- *Wenn man von jemandem/etwas* „in den höchsten Tönen spricht", *dann lobt man ihn/es ganz besonders.*

111

Lerntipps

- *Sammeln Sie – vielleicht ganz bewusst eine Woche lang – formelhafte Wendungen, die Ihre Kollegen benutzen, um etwas oder jemanden zu loben (oder auch zu kritisieren) oder um jemandem etwas zu wünschen.*

- *Bei welchen Ausdrücken kennen Sie die Bedeutung genau, bei welchen sind Sie sich nicht ganz sicher? Welche finden Sie im Wörterbuch, welche nicht (weil sie vielleicht zu umgangssprachlich sind oder nur regional begrenzt vorkommen)?*

- *Fragen Sie Ihre Kollegen und Ihren Deutschlehrer nach den Bedeutungen, die Sie nicht verstehen.*

Situation	Redewendung	Antwort
Ein Kollege muss niesen.	Eine Kollegin sagt: „Gesundheit!"	Der Kollege sagt: „Danke!"

14 Kleiner E-Mail-Knigge

Aufgrund der weltweiten Verbreitung und Internationalität des E-Mail-Verkehrs auch in der beruflichen Kommunikation gibt es in diesem Bereich nur wenige länderspezifische Besonderheiten; auch in „D A CH" gilt:

- *Das „Betreff"-Feld sollte in jedem Fall ausgefüllt werden – nicht nur aus Höflichkeit, sondern auch im Interesse der Übersichtlichkeit für den Empfänger/Bearbeiter. Der kann so außerdem leichter erkennen, dass es sich um keine Spammail handelt. In einigen Firmen/Abteilungen kann es darüber hinaus weitere Vorgaben für den Betreff geben, wenn z. B. ein bestimmtes Ablagesystem verwendet wird.*

- *Bei E-Mails in der beruflichen Kommunikation ist die Trennung zwischen formell und informell oft weniger stark als bei Geschäftsbriefen. Auch gegenüber unbekannten Personen wird z. B. in der Anrede oft „Hallo" verwendet. Im Zweifelsfall jedoch oder wenn der offizielle Charakter betont werden soll, gelten auch für E-Mails dieselben Regeln wie für Geschäftsbriefe:*

1. *Offizielle Anschreiben per E-Mail beginnen immer mit der üblichen Anrede:*
   - Sehr geehrte Damen und Herren,
   - Sehr geehrte Frau Dr. Müller,
   - Sehr geehrter Herr Professor (Dr. Lauth),
   - Sehr geehrter Herr Präsident,

   Der folgende Text wird mit einer Leerzeile abgesetzt. Verwenden Sie lieber keine oder möglichst wenige Formatierungen.

   Der Gruß am Ende
   - Mit freundlichen/herzlichen/vielen Grüßen
   - Beste Grüße
   - Hochachtungsvoll *(gehoben)*

   und der Name des Absenders werden ebenfalls durch je eine Leerzeile abgesetzt.

   Die Signatur darunter sollte außerdem die E-Mail-Adresse des Absenders, seine Firmenanschrift und Telefonnummer enthalten, offizielle E-Mails von Firmen auch die Handelsregisternummer sowie den/die Namen des/der Geschäftsführer.

2. *Unternehmensinterne oder private (Kurz-)Nachrichten und Mitteilungen berücksichtigen diese Formalien in aller Regel weniger streng, was jedoch – je nach Branche, Firma, Abteilung oder auch von Person zu Person – sehr verschieden sein kann.*

- *Die Tendenz zu Abkürzungen ist auch im E-Mail-Verkehr in „D A CH" zu beobachten. Hier gibt es sowohl internationale bzw. englische – wie „asap" („as soon as possible" = „so bald wie möglich"), „afaik" („as far as I know" = „soweit ich weiß") oder „m2" („me too" = „ich auch") – als auch deutsche.*

Typische Abkürzungen sind:
  - *MfG: Mit freundlichen Grüßen*
  - *LG: Liebe Grüße*
  - *U. A. w. g.: Um Antwort wird gebeten*
Sie sind allerdings eher auf den informellen Austausch zwischen Kollegen beschränkt; in formellen Schreiben kürzt man Grüße lieber nicht ab und verwendet nur die üblichen Abkürzungen wie „z. B.", „evtl." oder „d. h." (vgl. S. 6).

* *Dasselbe gilt für die – international verständlichen – „Emoticons". Das sind Satzzeichen, die in E-Mails und vor allem beim „Simsen" (dem Verschicken von SMS über Handy) ein Gesicht darstellen sollen, z. B.:*
  :–)   *für Lachen, Freude, Ironie,*
  :–(*für Traurigkeit, Unmut, Ablehnung,*
  ;–)   *für Augenzwinkern, „Nimm's nicht so ernst!" oder*
  —~   *für Zigarettenpause.*
Auch ihre Verwendung setzt einen vertraulichen Umgang zu den Kollegen voraus!

Alphabetisches Verzeichnis

A

AB (Anrufbeantworter) → Telefonieren: *Kap. 6, S. 40*
abgrenzen → Teilthemen abgrenzen *56*

ablehnen

- Nein. / Nein danke. / Nein, vielen Dank!
- Lieber nicht.
- Auf keinen Fall!

Vorschlag/Bitte/Forderung/Antrag
- Das geht leider nicht / wird wohl leider nicht gehen.
- (Es) Tut mir leid, aber ...
- Das kann ich so nicht akzeptieren.
- Das wäre unter normalen Umständen sicher kein Problem, aber in diesem Fall ...
- Hier kann ich Ihnen leider nicht weiter entgegenkommen.
- Das liegt außerhalb meiner Möglichkeiten.
- Ich sehe hierfür keinen weiteren Spielraum.
- Nein, ich bin gegen diesen Vorschlag/Antrag, weil ...
- Ich möchte einen Gegenvorschlag machen!

Einladung
- Ich würde gerne kommen, aber ...
- Schade, morgen geht es leider nicht, denn ...
- Vielen Dank, das ist sehr nett, aber ...
- Bitte nehmen Sie es mir nicht übel, aber ...
- Morgen haben wir leider schon etwas anderes vor. Ein andermal würden wir uns sehr freuen!

Essen/Getränk
- Danke! / Nein danke! / Danke, lieber nichts mehr!
- Für mich bitte nicht mehr, vielen Dank!
- Vielen Dank, bitte keinen Wein mehr, ich muss noch fahren.
- Vielen Dank, es war ausgezeichnet, aber ich bin wirklich satt.

S. a. Termine: Gegenvorschläge *17,* eine Einladung ablehnen *25,* ein Gespräch aufschieben *65,* nicht einverstanden sein *71,* Probleme bei der Zusammenarbeit ansprechen *105,* Verärgerung/Unzufriedenheit/Enttäuschung/Ablehnung ausdrücken *106;*

A

ablehnen *118*, **Bedenken äußern** *128*, **beschweren (sich)** *133*, **Möglichkeit/Unmöglichkeit ausdrücken** *155*, **Präferenzen ausdrücken** *161*, **Prioritäten ausdrücken** *163*, **rechtfertigen (sich)** *165*, **Sicherheit/Unsicherheit ausdrücken** *169*, **vorwerfen** *185*, **werten** *187*, **widersprechen** *188*

Abnahme schildern → **Veränderungen und Entwicklungen beschreiben** *178*
absagen → einen Termin absagen *17;* **ablehnen** *118*
Abschied → **verabschieden (sich)** *176*
abschließen → **beenden** *129*
Absicht ausdrücken → **Ziele formulieren** *190*
abstimmen → *88*

abwägen

- Einerseits / Auf der einen Seite …, andererseits / auf der anderen Seite …
- Obwohl der Umsatz dieses Jahr gestiegen ist, ist der Gewinn zurückgegangen.
- Der Unternehmensgewinn ist gestiegen. Trotzdem werden Mitarbeiter entlassen.
- Niedrige Abschreibungsquoten wirken sich zwar günstig auf die Umsatzrendite aus, verringern aber den Cashflow.
- Ob Sie hier investieren sollten oder nicht, kommt ganz darauf an, wie viele Rücklagen Sie haben.

S. a. **Meinungen ausdrücken** *154*, **Präferenzen ausdrücken** *161*, **Prioritäten ausdrücken** *163*, **Sicherheit/Unsicherheit ausdrücken** *169*

abwerten → **werten** *187*
Agenda → Agenda, Vorstellung der Tagesordnung *19,* Agenda/Tagesordnung einer Sitzung/Konferenz vorstellen, Ziele beschreiben, Dauer der Besprechung *65 f.,* den Gesprächsverlauf steuern, an den Zeitplan erinnern *70,* Tagesordnung und Zeitplan *81*

aktives Zuhören signalisieren

- Hm. / Ah. / Ah ja. / Aha.

- So? / Tasächlich? / (Na) So was. / Interessant.
- Ich verstehe.
- Das klingt gut.
- Das klingt ja ganz so, als ob …
- Habe ich Sie da richtig verstanden? Sie meinen: …
- Wenn ich Sie recht verstehe, dann wollen Sie …
- Jetzt weiß ich, was Sie meinen / wie Sie das meinen.
- Sie denken/glauben also, dass …
- Ach so, jetzt wird mir einiges klar!

S. a. nachfragen, etwas klären, die Verständigung sichern *73*, Interesse ausdrücken *96*;
Interesse ausdrücken *150*, **vergewissern (sich)** *179*, **Verständigung sichern** *181*

---

akzeptieren → **annehmen** *122*, **zustimmen** *193*
Alternativen ausdrücken → **Möglichkeit/Unmöglichkeit ausdrücken** *155*

anbieten

Hilfe/Sitzplatz
- Kann ich Ihnen helfen? / Kann ich (Ihnen) behilflich sein?
- Wie kann ich Ihnen helfen?
- Darf ich Ihnen den Mantel abnehmen?
- Bitte setzen Sie sich! / Bitte nehmen Sie Platz!
- Geht es – oder soll ich Ihnen helfen?
- Geben Sie mir das – ich mache/erledige das schon.

Hilfsbereitschaft am Telefon
- Guten Tag, mein Name ist Semper, was kann ich für Sie tun?
- Einen Augenblick, ich verbinde Sie gerne mit …
- Herr Steffens spricht gerade. Darf ich Ihnen seine Durchwahlnummer geben?
- Frau Hummel ist den ganzen Tag außer Haus. Kann ich ihr etwas ausrichten?
- Worum geht es denn? Vielleicht kann ich Ihnen helfen?

Informationen
- Kennen Sie unser Unternehmen bereits?
- Darf ich Ihnen … vorstellen?

- Haben Sie schon von … gehört?
- Wenn Sie nähere Informationen dazu wünschen, dann hätten wir hier …
- Möchten Sie hierzu einen Prospekt mitnehmen?
- Wir haben Service-/Vertriebspartner in allen größeren Städten, die Ihnen vor Ort gerne weiterhelfen.
- Gerne können wir Ihnen eine Liste mit Referenzen unserer Kunden zusenden.

Getränke/Imbiss/Essen

- Darf ich Ihnen einen Drink / etwas zu trinken anbieten?
- Was kann ich Ihnen anbieten?
- Einen Kaffee oder etwas Kaltes zur Erfrischung?
- Bitte bedienen Sie sich, wir haben Kaffee, Getränke und einen kleinen Imbiss für Sie vorbereitet.
- Trinken Sie Wein oder Bier? Oder etwas ohne Alkohol?
- Als Vorspeise möchte ich Ihnen … empfehlen.
- Möchten Sie noch ein Stück Kuchen?

jemandem das Du anbieten → **Anredeform** *122*

S. a. bei der Anmeldung / am Empfang *18*, Getränke/Imbiss/Essen anbieten *26 f.*, weiterverbinden, Hilfe anbieten *38*, eine gute Gesprächsatmosphäre schaffen *68*, Informationen zu Firma und Produkten geben *94*, nähere Informationen anbieten *96*, Kundenbetreuung und Einladung *97*; **bedienen** *128*, **bitten** *135*, **präsentieren** *161*, **Tischformeln und Trinksprüche** *172*, **vorstellen** *184*

Änderungen mitteilen → einen Termin absagen/verschieben *17*, Anrufbeantworter (AB) und Mailbox *40*; **Veränderungen und Entwicklungen beschreiben** *178*
anfangen → **beginnen** *130*
Angebot machen/annehmen/ablehnen → **anbieten** *120*, **annehmen** *122*, **ablehnen** *118*
anknüpfen → den Referenten ansprechen *86*
Anlagen → Räumlichkeiten und Anlagen erklären *48*
anmelden (sich) → bei der Anmeldung / am Empfang *18*, an der Rezeption *23*, Konferenz: Anmeldung, Registrierung, Zeit- und Ortsangaben *79*

annehmen

- Danke. / Vielen Dank. / Gern, vielen Dank!
- Warum nicht, ja gern!
- Unbedingt!

Vorschlag/Bitte/Forderung/Antrag

- Ja, einverstanden! / Gerne.
- In Ordnung.
- Akzeptiert! / Eine gute Idee!
- Dieser Antrag hat meine (volle) Unterstützung.

Termin

- Ja, das passt mir gut.
- Montag um 15 Uhr würde es gut passen.
- Gut, dann schlage ich vor, wir treffen uns am besten gleich in der Airport-Lounge.

Einladung

- Sehr gerne, vielen Dank!
- Mit Vergnügen!
- Das ist sehr nett, ich komme gerne!
- Gerne, ich freue mich.

Essen/Getränk

- Gern, danke!
- Ja, danke, ein Mineralwasser bitte.
- Danke, ja. Ich nehme gerne ein Bier.
- Ja gern, wenn Sie auch etwas Alkoholfreies haben?
- Vielen Dank! Haben Sie vielleicht auch etwas ohne Fleisch?

S. a. einen Termin bestätigen *16*, eine Einladung annehmen *25*, einem Vorschlag zustimmen, Lob und Anerkennung äußern *71*, einen Antrag unterstützen *88*; Meinungen ausdrücken *154*, Präferenzen ausdrücken *161*, Prioritäten ausdrücken *163*, werten *187*, zustimmen *193*

Anredeform

- Wollen wir nicht einfach Du sagen? Ich bin der Peter.
- Was meinen Sie, wollen wir nicht lieber Du zueinander sagen?

A

- Bei uns duzen sich alle. Wenn Sie wollen, sagen Sie doch einfach Hans zu mir.
- Wenn ich ganz ehrlich sein soll, dann wäre mir das Sie doch lieber.
- Ich fühle mich sehr geehrt, aber bleiben wir vielleicht doch lieber beim Sie.
- Lassen Sie den „Doktor" ruhig weg, wir sind hier nicht ganz so förmlich.

S. a. Begrüßung: *Kap. 1, S. 8 ff.*, eine gute Gesprächsatmosphäre schaffen *68,* Gruppenarbeiten *87,* die richtige Anrede *100;* **ansprechen** *123,* **grüßen** *148,* **vorstellen** (sich) *184*

anrufen → Telefonieren: *Kap. 6, S. 37 ff., Buchstabiertafel zum Telefonieren 194*

ansprechen

informell
- Hallo, Michael, wie geht's?
- Ich grüße Sie / Grüß Sie, Frau Stenzel.

formell
- Guten Tag, Herr Dr. Leicht.
- Guten Tag, Sie sind sicher Frau Lemberg, ja?
- Entschuldigung, sind Sie Herr Krause von der Firma Höltenberger?
- Guten Tag, kann ich Ihnen irgendwie behilflich sein?
  □ Danke, ich möchte mich nur ein wenig bei Ihnen umschauen.
- Guten Tag, meine Name ist Stefan Schmitz. Hätten Sie einen Moment Zeit für mich?
- Guten Tag, ich hätte gerne gewusst, ob/wie/wann …
- Guten Tag, die Damen und Herren!
- Meine Damen und Herren!
- Sehr geehrte Anwesende, im Namen der Firma darf ich Sie …

etwas ansprechen → Exkurse, Fragen, Zwischenfragen *60,* ein Thema ansprechen *64, 68,* etwas vertiefen, auf etwas zurückkommen *74*, ein Thema ansprechen, ein problematisches Thema/Verhalten ansprechen *101*, Sprachprobleme ansprechen *102*, kulturbedingte Missverständnisse ansprechen, Probleme bei der Zusammenarbeit ansprechen *104 f.*; **Neues ansprechen** *158*, **Probleme ansprechen** *163*

S. a. Begrüßung etc.: *Kap. 1, S. 8 ff.*, die Bedienung ansprechen *29*, eine gute Gesprächsatmosphäre schaffen *68*, den Referenten ansprechen *86*, Gruppenarbeiten *87*, unbekannte Besucher ansprechen *93*, die richtige Anrede *100*; **ansprechen** *123*, **grüßen** *148*, **vorstellen** (sich) *184*

Anteilnahme ausdrücken → Interesse ausdrücken *96*, gratulieren, Beileid ausdrücken *110*; **aktives Zuhören signalisieren** *119*

Antrag → Tagesordnung und Zeitplan *81*, einen Antrag stellen, einen Antrag unterstützen/ablehnen, abstimmen *88*; **ablehnen** *118*, **annehmen** *122*, **zustimmen** *193*

antworten → auf eine Vorstellung reagieren *9*, nach dem Befinden fragen und reagieren *11*, gute Wünsche und Grüße auftragen und ausrichten, auf gute Wünsche reagieren *12*, einen Termin bestätigen, Gegenvorschläge, einen Termin absagen/verschieben *16 ff.*, eine Einladung annehmen, ablehnen, auf eine Zu- oder Absage reagieren *25 f.*, Telefonieren: antworten, um einen Rückruf bitten, Anrufbeantworter (AB) und Mailbox *39 f.*, eine Antwort offenhalten, eine Entscheidung vertagen *43*, auf Kritik reagieren, einverstanden sein, mit Kritik nicht oder nur teilweise einverstanden sein *72 f.*, auf Kritik reagieren *106*, auf Glückwünsche, Beileid reagieren *111*; **annehmen** *122*, **bedauern** *128*, **beruhigen** *132*, **bestätigen** *133*, **entschuldigen (sich)** *140*, **erlauben** *142*, **fragen** *145*, **Kompromiss finden** *151*, **Möglichkeit/Unmöglichkeit ausdrücken** *155*, **Nichtwissen ausdrücken** *158*, **offenlassen** *159*, **Ratlosigkeit ausdrücken** *164*, **rechtfertigen (sich)** *165*, **versprechen** *181*, **widersprechen** *188*, **zugeben** *190*, **zustimmen** *193*

Anweisungen → einen Weg beschreiben *22*, Anweisungen und Sicherheit *47*; **auffordern** *125*, **beauftragen** *127*, **bitten** *135*

124

Arbeitsgruppe → eine gute Gesprächsatmosphäre schaffen *68*, Konferenzen: *Kap. 10, S. 79 ff.*, Gruppenarbeiten, Ergebnisse präsentieren *87 f.*

Ärger ausdrücken → Verärgerung/Unzufriedenheit/Enttäuschung/ Ablehnung ausdrücken *106*; **ablehnen** *118*, **Bedenken äußern** *128*, **Ungeduld ausdrücken** *174*, **vorwerfen** *185*, **werten** *187*, **widersprechen** *188*

argumentieren → **ablehnen** *118*, **abwägen** *119*, **Bedenken äußern** *128*, **begründen** *131*, **widersprechen** *188*

auffordern

- Herein! / Treten Sie bitte ein!
- Nehmen Sie bitte Platz!
- Bitte bedienen Sie sich (selbst)!
- Würden Sie mir bitte Ihren Namen sagen?
- Bitte füllen Sie den Besucherausweis aus!
- Folgen Sie mir bitte! Ich begleite Sie in den Konferenzraum.
- Vielleicht wollen Sie etwas dazu sagen, Herr Lorenz?
- Bitte fahren Sie fort, Frau Petzold!
- Achtung, eine Durchsage! Herr Renner wird gebeten, sich am Empfang zu melden! Herr Klaus Renner aus Düsseldorf bitte melden Sie sich am Empfang!
- Entschuldigen Sie bitte, aber die Sache eilt.
- Diese Angelegenheit ist leider sehr dringlich.

zu Fragen auffordern → **beenden** *129*, **erklären** *141*

S. a. bei der Anmeldung / am Empfang *18*, um Dienstleistungen bitten *23*, im Restaurant *29 ff.*, zu Wortmeldungen auffordern, das Wort erteilen *68*; **anbieten** *120*, **beauftragen** *127*, **bitten** *135*, **zum Tanz auffordern** *171*, **Ungeduld ausdrücken** *174*

aufmerksam machen

- Meine Damen und Herren, darf ich um Ihre Aufmerksamkeit bitten!
- Schauen Sie bitte! / Sehen Sie bitte einmal her!
- Bitte beachten Sie auch unsere Sonderangebote!

- Dieser Punkt scheint mir besonders wichtig.
- Darf ich für einen Augenblick Ihre Aufmerksamkeit auf … richten?
- Bevor ich Ihnen unser Angebot vorlege, möchte ich Sie darauf hinweisen, dass …
- Wenn ich Ihnen das einmal auf unserem Flipchart skizzieren darf …
- Achten Sie bitte auf diese Stufe!
- Vorsicht, hier liegen Kabel auf dem Boden!

S. a. Firmenrundgang: Begrüßung und Überblick, Anweisungen und Sicherheit *46 ff.*, Grafiken erläutern, eine PowerPoint-/PP-Präsentation durchführen, hinweisen, die Aufmerksamkeit auf etwas richten *56 f.;* **auffordern** *125,* **präsentieren** *161,* **vorstellen** *184*

aufschieben

Gespräch / Behandlung eines Themas
- Jetzt sofort geht es leider nicht, denn … Aber in einer halben Stunde gerne.
- Ist es wichtig, dass wir das jetzt gleich besprechen?
- Im Moment ist es gerade ungünstig, können wir das vielleicht heute Nachmittag besprechen?
- Können wir diesen Punkt vielleicht auf die nächste Sitzung verschieben?

Termin/Verabredung
- Es tut mir sehr leid, aber wir müssen unser Treffen leider verschieben.
- Wir waren am dreizehnten Mai verabredet. Ich möchte Sie um einen neuen Termin bitten.

S. a. einen Termin absagen/verschieben *17,* eine Antwort offenhalten, eine Entscheidung vertagen *43,* ein Gespräch aufschieben *65,* den Gesprächsverlauf steuern *70,* die Diskussion strukturieren *82;* **Nichtwissen ausdrücken** *158,* **offenlassen** *159,* **Ratlosigkeit ausdrücken** *164,* **überprüfen** *173*

Auftrag → beauftragen *127*

B

beauftragen

- Frau Winkler, bestellen Sie bitte ein Taxi für Herrn Reichert.
- Würden Sie bitte dafür sorgen, dass dieser Brief heute noch rausgeht!
- Notieren Sie für unsere Bestellung bitte folgende Posten: …
- Hiermit bestätigen wir Ihr Angebot vom … und beauftragen Sie mit der Lieferung von … bis zum 12. 03. des Monats zu den vereinbarten Konditionen.
- Bitte reservieren Sie einen Tisch auf den Namen Bayer.
- Grüßen Sie bitte auch Frau Hofstädter von mir!

S. a. gute Wünsche und Grüße auftragen *12*, um Dienstleistungen bitten *23*, im
Restaurant *29 ff.*; **auffordern** *125*, **bitten** *135*, **Ungeduld ausdrücken** *174*

bedauern

- Leider ...
- Zu unserem Bedauern müssen wir Ihnen mitteilen, dass ...
- So leid es mir tut, aber ...
- Dieser Vorfall ist wirklich sehr bedauerlich.
- Ich fürchte, das wird leider nicht möglich sein.
- Es tut mir sehr leid, aber Herr Richard ist heute nicht im Haus.

S. a. Gegenvorschläge, einen Termin absagen/verschieben *17 f.*, eine Einladung ablehnen *25*, ein Missverständnis aufklären, etwas berichtigen *74*, Verärgerung/ Unzufriedenheit/Enttäuschung/Ablehnung ausdrücken, auf Kritik reagieren, sich entschuldigen *106 f.*, Beileid ausdrücken *110;* **ablehnen** *118,* **aufschieben** *126,* **entschuldigen (sich)** *140,* **korrigieren** *152,* **rechtfertigen (sich)** *165,* **versprechen** *181,* **zugeben** *190*

Bedenken äußern

- Glauben Sie tatsächlich, dass ...?
- Ich frage mich, ob ...
- Ich habe hier wirklich meine Zweifel.
- Ich bin in dieser Frage eher pessimistisch.
- Also, dieses Ergebnis ist für mich nicht ganz nachvollziehbar.
- Das würde ich lieber noch einmal überprüfen.
- Nach meinen Informationen verhält sich die Sache doch etwas anders.

S. a. Bedenken/Kritik äußern, mit Kritik nicht oder nur teilweise einverstanden sein *72 f.*, den Referenten ansprechen *86;* **ablehnen** *118,* **abwägen** *119,* **Meinungen ausdrücken** *154,* **Probleme ansprechen** *163,* **Sicherheit/Unsicherheit ausdrücken** *169,* **überprüfen** *173,* **vorwerfen** *185,* **werten** *187,* **widersprechen** *188*

um Bedenkzeit bitten → **aufschieben** *126,* **offenlassen** *159*

bedienen

- Kann ich Ihnen helfen?
- Was kann ich für Sie tun? / Sie wünschen bitte?
- Der Nächste bitte!

im Restaurant
- Bitte sehr, Sie wünschen?
- Möchten Sie die Speisekarte / einen Aperitif?
- Haben Sie schon gewählt?
- Was möchten Sie als Vorspeise/Hauptspeise/Nachtisch?
- Heute kann ich Ihnen das Roastbeef sehr empfehlen.
- Zahlen Sie getrennt oder zusammen?

S. a. um Dienstleistungen bitten *23,* Tischformeln und Trinksprüche *27,* im Restaurant *29 ff.;* **anbieten** *120,* **bezahlen** *134*

beenden

Gespräch
- Das wäre es dann also für heute!
- So viel von meiner Seite.
- In Ordnung, dieser Punkt wäre also erledigt.
- Ich denke, damit dürfte alles geklärt sein.

Telefongespräch
- Danke für Ihren Anruf!
- Ich erwarte dann also Ihren Anruf nächste Woche!
- Das wär's dann wohl erst mal. Die anderen Punkte können wir ja
- noch per Mail behandeln, einverstanden?
- Tschüss! *(fam.)*
- Schöne Grüße nach Hamburg!
- Auf Wiederhören!

Thema/Besprechung/Verhandlung/Versammlung
- Vielen Dank für Ihre Beiträge. Gibt es noch Wortmeldungen?
- Wenn niemand mehr das Wort wünscht, schließen wir die Versammlung.
- Können wir dieses Thema jetzt vielleicht abschließen?
- So langsam sollten wir zum Ende kommen.
- Ich schlage vor, wir machen hier für heute Schluss!
- Ich möchte mich bei allen Teilnehmern für die lebhafte Diskussion bedanken und wünsche allen eine gute Heimreise!
- Die Sitzung ist geschlossen.

Präsentation/Vortrag/Führung

- Ich darf noch einmal zusammenfassen: ...
- Abschließend möchte ich sagen, dass ...
- Lassen Sie mich zum Schluss kommen: ...
- Wenn Sie noch Fragen haben, stehe ich Ihnen gerne zur Verfügung.
- Vielen Dank für Ihre Ihre Aufmerksamkeit!
- Mit Blick auf die Uhr möchte ich meinen Vortrag an dieser Stelle abschließen.

S. a. ein Telefongespräch beenden *43*, ein Thema/Referat abschließen *60*,
eine Besprechung/Verhandlung abschließen *76*, Tagesordnung und Zeitplan *81*,
einen Vortrag abschließen *85*, eine Versammlung beenden *89*, Schlussformeln *90*;
zusammenfassen *191*

---

befürchten → **Bedenken äußern** *128*

beginnen

Gespräch

- Verzeihung, hätten Sie einen Moment Zeit (für mich)?
- Ich würde mit Ihnen gern einmal über ... sprechen.
- Können Sie mir bitte ein paar Auskünfte zu ... geben?
- Guten Tag, meine Name ist ... Ich komme aus der Automobilbranche und interessiere mich für ...

Telefongespräch

- Hallo, Frau Seidler, wie geht es Ihnen?
- Haben Sie einen Augenblick Zeit? *(als Anrufer)*
- Freut mich, mal wieder von Ihnen zu hören! *(als Angerufener)*
- Wir haben ja lange nichts mehr voneinander gehört.
- Der Grund meines Anrufes ist ...

Thema/Besprechung/Verhandlung/Versammlung

- Ich darf Ihnen die Teilnehmer der heutigen Konferenz kurz vorstellen: ...
- Auf unserer Tagesordnung steht heute ...
- Ziel unseres Gesprächs ist es, ...
- Herr Konrad, darf ich Sie mit der Protokollführung beauftragen?

■ Als Erstes sollten wir wohl Folgendes ansprechen: …

Präsentation/Vortrag/Führung
■ Im Namen der Firma … darf ich Sie hier in unserem Werk herzlich willkommen heißen!
■ Vielen Dank, dass Sie der Einladung so zahlreich gefolgt sind!
■ Wir beginnen mit einem Überblick über …
■ Für das heutige Meeting stehen folgende Themen auf der Tagesordnung: …
■ Mein Vortrag soll einen Überblick geben über …

begründen

■ Das ist so, weil/da …
■ Das liegt daran, dass …
■ Das hat damit zu tun, dass …
■ Der Grund dafür ist, dass …
■ Das geht leider nicht, Herr Steffen ist nämlich in Urlaub.
■ Wir müssen Sie um Verständnis dafür bitten, dass wir wegen des Streiks vorübergehend nicht liefern können.
■ Verstehen Sie bitte, dass wir Ihnen beim Preis nicht weiter entgegenkommen können, da wir sonst mit Verlust verkaufen.

behilflich sein → bei der Anmeldung / am Empfang *18*, Telefon: weiterverbinden, Hilfe anbieten *38*; **anbieten** *120*, **ansprechen** *123*

Beileid ausdrücken → *110*, auf Glückwünsche, Beileid reagieren *111*

Beispiel geben → Grafiken erläutern *56*, nachfragen, etwas klären, die Verständigung sichern *73*; **erklären** *141*

bekannt geben → das Abstimmungsergebnis bekannt geben *89*

bekannt machen → andere vorstellen *9*; **vorstellen** (andere) *184*

Bekannte grüßen → Bekannte grüßen, nach gemeinsamen Bekannten fragen *11*, bekannte Messebesucher am Stand begrüßen *93*; **ansprechen** *123*, **grüßen** *148*, **vorstellen** (sich) *184*

Bereitschaft ausdrücken

- Gerne!/Einverstanden!
- Selbstverständlich.
- Dazu bin ich gerne bereit.
- Wenn Sie wollen, übernehme ich diese Aufgabe.
- Ich bin gerne bereit, alle Ihre Fragen – soweit ich kann – zu beantworten.

S. a. **anbieten** (Hilfsbereitschaft) *120*, **ansprechen** *123*, **Kompromiss finden** *151*, **zustimmen** *193*

---

berichtigen → **korrigieren** *152*, **Missverständnisse klären** *155*

---

beruhigen

- Kein Problem. / Halb so schlimm. / Nichts passiert. *(auch als Reaktion auf Entschuldigungen.)*
- Keine Angst, das schaffen wir schon.
- Das wird schon klappen/hinhauen. *(ugs.)*
- Ich sehe hier keinen Anlass zur Sorge.
- Dieses Risiko ist minimal.
- Diese Befürchtung halte ich für unbegründet.
- Da können Sie wirklich ganz beruhigt sein.
- Seien Sie unbesorgt, wir werden den Liefertermin ganz sicher einhalten.

auf Beschwerden reagieren

- Verzeihen Sie bitte die Lieferung der fehlerhaften Ware, wir werden uns sofort um Ersatz kümmern.
- Vielen Dank für Ihre Reklamation, wir werden den Vorgang umgehend prüfen.
- Seien Sie sicher, wir werden diesen Zustand so bald wie möglich ändern.

S. a. ein Missverständnis aufklären, etwas berichtigen *74*, kulturbedingte Missverständnisse ansprechen *104*, auf Kritik reagieren *106*, sich entschuldigen *107*; **bedauern** *128*, **entschuldigen (sich)** *140*, **rechtfertigen (sich)** *165*, **Sicherheit/ Unsicherheit ausdrücken** *169*, **trösten** *173*, **überprüfen** *173*, **versprechen** *181*, **zugeben** *190*

beschweren (sich)

- Ich möchte mich über … beschweren.
- Ihre Lieferung vom 4. des Monats müssen wir leider aus folgenden Gründen reklamieren: …
- Entschuldigung, ich möchte dieses Faxgerät umtauschen, es funktioniert nicht.
- Ich hätte gern ein ruhigeres Zimmer.
- Verzeihung, aber die Suppe ist kalt.
- Kann ich bitte den Geschäftsführer sprechen?

auf Beschwerden reagieren → **beruhigen** *132*, **überprüfen** *173*

S. a. im Restaurant: reklamieren *30*, ein problematisches Thema/Verhalten ansprechen *101*, kulturbedingte Missverständnisse ansprechen *104*, Probleme bei der Zusammenarbeit ansprechen *105*, Verärgerung/Unzufriedenheit/Enttäuschung/Ablehnung ausdrücken *106*; **ablehnen** *118*, **Probleme ansprechen** *163*, **Ungeduld ausdrücken** *174*, **vorwerfen** *185*, **widersprechen** *188*

Besprechung → Verhandlungen: *Kap. 9, S. 64 ff.*, Konferenzen: *Kap. 10, S. 79 ff.;* **beenden** *129*, **beginnen** *130*

bestätigen

- Richtig. / Stimmt. / Ganz genau.

- Genauso ist es.
- Ganz recht, Frau Herzl.
- Gut, dann bleibt es also dabei.
- Das versteht sich von selbst.

Termin/Vereinbarung/Informationen
- Ja, der Termin am Montag um 14 Uhr passt mir sehr gut.
- Einverstanden, dann sehen wir uns also am Donnerstag.
- In Ordnung, ich habe Ihre Reservierung notiert.
- Ich werde Ihnen den Liefertermin dann noch schriftlich bestätigen.
- Ja, da haben Sie mich recht verstanden, morgen ist unser Geschäft leider geschlossen!
- Ja, das entspricht auch meinen Erfahrungen.
- Das ist auch mein Eindruck.

um Bestätigung bitten → **vergewissern (sich)** *179*

S. a. einen Termin bestätigen *16*, Verständigung am Telefon sichern *42*, Eindrücke/
Erfahrungen/Beobachtungen beschreiben *102*; **aktives Zuhören signalisieren** *119*,
annehmen *122*, **antworten** *124*, **Sicherheit/Unsicherheit ausdrücken** *169*, **versprechen**
181, **zugeben** *190*, **zustimmen** *193*

---

bestellen → um Dienstleistungen bitten *23*, im Restaurant
29 ff.; **beauftragen** *127*, **wählen** *186*
Besuch → Begrüßung: *Kap. 1, S. 8 ff.*, Gastfreundschaft: *Kap. 4,*
S. 25 ff., Firmenrundgang: *Kap. 7, S. 46 ff.*, Messe: *Kap. 11,*
S. 93 ff.; **ansprechen** *123*, **danken** *136*, **grüßen** *148*, **verab-**
schieden (sich) *176*
betonen → **aufmerksam machen** *125*, **erklären** *141*, **präsentieren**
161, **vorstellen** *184*
Betriebsbesichtigung/-führung → Firmenrundgang: *Kap. 7,*
S. 46 ff., Präsentation: *Kap. 8, S. 55 ff.*

bezahlen

Verkäufer
- 16, 50 Euro, bitte. *("sechzehn Euro fünfzig" oder "sechzehn*
fünfzig")

- Der Kassenzettel liegt bei.
- Brauchen Sie eine Quittung/Bewirtungsrechnung?
- Möchten Sie eine Tüte?
- Vielen Dank, und fünfzig Cent zurück.

Käufer
- Die Rechnung bitte!
- Kann ich mit Kreditkarte zahlen?
- Der Rest ist für Sie. / Das stimmt so. / Geben Sie mir bitte auf 30 Euro heraus. *(beim Geben von Trinkgeld)*

S. a. an der Rezeption *23,* die Rechnung bezahlen und Trinkgeld geben *30f.;* **bedienen** *128*

beziehen auf (sich) → gliedern, verweisen / sich beziehen auf, zitieren *85*

bezweifeln → **Bedenken äußern** *128,* **Sicherheit/Unsicherheit ausdrücken** *169,* **widersprechen** *188*

bitten

- Bitte, dürfte/könnte ich …?
- Würden/Könnten Sie bitte …
- Können Sie mir einen Gefallen tun?
- Ich wäre Ihnen sehr dankbar, wenn Sie …
- Wären Sie so freundlich und würden mir für einen Augenblick Ihren Taschenrechner leihen?

um Termin/Dienstleistung
- Können Sie mir bitte einen Termin bei Herrn Dr. Hofmann für nächste Woche geben?
- Guten Tag, haben Sie Zeit für mich? *(ohne Anmeldung, z. B. beim Friseur)*
- Bitte reservieren Sie mir einen Platz für …
- Kann ich bei Ihnen eine Nachricht für … hinterlassen?
- Können Sie mir bitte ein Taxi für morgen früh, acht Uhr, bestellen?
- Würden Sie mir bitte eine Flasche Pfälzer Riesling aufs Zimmer bringen (lassen)?

um Geduld
- Einen Augenblick bitte!
- Haben Sie bitte einen Moment Geduld!
- Könnten Sie sich einen Moment gedulden?
- Sekunde! *(ugs.)*

um Aufmerksamkeit → **aufmerksam machen** *125*
um Bedenkzeit → **aufschieben** *126*
um Bestätigung → **vergewissern (sich)** *179*
um Diskretion/Vertraulichkeit → **um Vertraulichkeit bitten** *182*
um Erlaubnis → **erlauben** *142*
um Erklärungen → **erklären** *141*
um Informationen → **fragen** *145*
um Überprüfung → **überprüfen** *173*
um Verständnis → **bedauern** *128*, **begründen** *131*, **entschuldigen**
(sich) *140*, **erklären** *141*
um Vorschläge → **vorschlagen** *183*
um Wiederholung → **um Wiederholung bitten** *189*

S. a. um einen Termin bitten *16*, nach dem Weg und nach Verkehrsmitteln fragen *22*, um Dienstleistungen bitten *23*, einen Tisch reservieren *29*, Speisen und Getränke bestellen *30*, jemanden am Telefon verlangen *38*, um einen Rückruf bitten *39*, Verständigung am Telefon sichern *42*, um ein kurzes/informelles Gespräch bitten *64*, nachfragen, etwas klären, die Verständigung sichern *73*; **anbieten** *120*, **auffordern** *125*, **fragen** *145*, **zum Tanz auffordern** *171*, **Ungeduld ausdrücken** *174*

buchen → eine Reise buchen *23*
buchstabieren → E-Mail- und Internetadressen am Telefon *40*,
Verständigung am Telefon sichern *42*, **Buchstabiertafel zum
Telefonieren** *194*

D

danken

für Einladung/Präsentation/Rundgang
- Vielen Dank für die Einladung!
- Das ist sehr nett, vielen Dank! Ich komme gerne.

■ Herzlichen Dank für die Einladung, es war sehr nett bei Ihnen!
■ Ich möchte mich im Namen der Gruppe bei Ihnen ganz herzlich für die interessanten Ausführungen bedanken.

für Besuch/Interesse
■ Herzlichen Dank für Ihren Besuch und Ihre Aufmerksamkeit!
■ Wenn Sie keine weiteren Fragen haben, dann darf ich mich für heute bei Ihnen bedanken.
■ Ich danke Ihnen für Ihre Aufmerksamkeit! Sie waren ein sehr angenehmes Publikum!

für gute Wünsche / Fragen nach dem Befinden
■ Vielen Dank! Ebenfalls./Gleichfalls.

■ Wie geht es Ihnen?	□ Danke, gut! Und Ihnen?
■ Wie geht es Ihrer Frau?	□ Danke für die Nachfrage, ihr geht es ganz ausgezeichnet!

E

Eindrücke beschreiben

- Das finde ich sehr beeindruckend/überraschend.
- Also ich finde, dass ...
- Ich habe bemerkt/beobachtet, dass ...
- Was mir hier auffällt, ist Folgendes: ...
- Mein Eindruck / Meine Meinung ist, dass ...
- Mein erster Eindruck von ... ist sehr gut / nicht so besonders.
- Aus meiner Sicht ist es so, dass ...
- Ich finde es etwas merkwürdig/befremdlich, dass ...
- Was mir sehr gut / gar nicht gefallen hat, war ...

S. a. Eindrücke beschreiben, Länder vergleichen *32*, eine Meinung äußern *70*, allgemeine Redewendungen bei Diskussionen *82*, Eindrücke/Erfahrungen/ Beobachtungen beschreiben *102*, kulturbedingte Missverständnisse ansprechen, Probleme bei der Zusammenarbeit ansprechen, Verärgerung/Unzufriedenheit/ Enttäuschung/Ablehnung ausdrücken *104 ff.*; **Meinungen ausdrücken** *154*, **unterscheiden** *175*, **vergleichen** *179*, **werten** *187*

einigen (sich) → **annehmen** (Vorschlag) *122*, **Kompromiss finden** *151*, **zustimmen** *193*

einladen

- Ich würde Sie gerne zum Mittagessen einladen.
- Haben Sie für heute Abend schon etwas vor?
- Darf ich Sie auf einen Kaffee einladen?
- Kommen Sie doch einfach mit!
- Bei unserer Abteilungsleiterin, Frau Matthies, findet zur Feier Ihres dreißigjährigen Jubiläums in der Firma heute Nachmittag, um 17 Uhr, ein kleiner Empfang/Umtrunk statt. Sie lässt ausrichten, sie würde sich freuen, wenn Sie auch kämen!
- Am Samstagabend treffen sich ein paar Kollegen bei mir zu Hause. Wenn Sie wollen, sind Sie gemeinsam mit Ihrer Gattin herzlich eingeladen!
- Besuchen Sie uns doch einfach mal, wenn Sie zufällig vorbeikommen!

E

■ Sie sind heute mein Gast! *(z. B. im Restaurant, wenn man die Bezahlung der gemeinsamen Rechnung übernehmen will)*

S. a. Gastfreundschaft: **Kap. 4, S. 25 ff.**, Messe: Kundenbetreuung und Einladung 97; **ablehnen** 118, **annehmen** 122, **danken** 136

---

einräumen → **zugeben** 190
einverstanden sein → einen Termin bestätigen 16, eine Einladung annehmen 25, einverstanden sein 70, einem Vorschlag zustimmen, Lob und Anerkennung äußern 71, auf Kritik reagieren, einverstanden sein, mit Kritik nicht oder nur teilweise einverstanden sein 72 f., einen Antrag unterstützen 88; **annehmen** 122, **bestätigen** 133, **werten** 187, **zugeben** 190, **zustimmen** 193
einwenden → **ablehnen** 118, **Bedenken äußern** 128, **beschweren (sich)** 133, **widersprechen** 188

---

empfehlen

■ Sie sollten vielleicht …
■ An Ihrer Stelle würde ich …
■ Das kann ich nur empfehlen!
■ Wenn Sie mich fragen, ich würde …
■ Falls Sie hierzu meinen Rat / meine Meinung hören wollen: Ich fände es gut, wenn …
■ Heute kann ich Ihnen Fisch empfehlen.
■ Hierzu würde ich einen Weißwein empfehlen, vielleicht einen fränkischen Silvaner?
■ Ich würde Ihnen empfehlen, diese Entscheidung noch etwas zurückzustellen.
■ Es empfiehlt sich nicht, diese Zusammenarbeit weiter fortzusetzen.
■ Die Kollegen von der Buchhaltung haben uns dringend geraten, vor einer weiteren Zusammenarbeit mit dieser Firma ihre Zahlungsfähigkeit zu prüfen.

S. a. Getränke und Essen anbieten 27; **anbieten** 120, **präsentieren** 161, **vorstellen** 184

entschuldigen (sich)

- Entschuldigung!/Verzeihung!
- Entschuldigen/Verzeihen Sie bitte (vielmals).
- Pardon! *(bei kleineren Versehen)*
- Verzeihung, das war keine Absicht!
- Nehmen Sie es mir bitte nicht übel, dass ich …!
- Entschuldigen Sie bitte die Störung, ich suche … *(beim Öffnen einer Tür / Betreten eines geschlossenen Zimmers)*
- Es tut mir sehr leid, aber mein Zug hatte leider 30 Minuten Verspätung.
- Entschuldigung, da ist uns wohl ein Fehler unterlaufen.
- Es tut mir leid, ich wollte Sie wirklich nicht verletzen.
- Entschuldigen Sie bitte meine unzureichenden Deutsch-kenntnisse, ich wollte sagen, …

auf Entschuldigungen reagieren → **beruhigen** *132*

S. a. einen Termin absagen/verschieben *17*, ein Missverständnis aufklären, etwas berichten *74*, kulturbedingte Missverständnisse ansprechen *104*, auf Kritik reagieren *106*, sich entschuldigen *107*; **bedauern** *128*, **rechtfertigen (sich)** *165*, **überprüfen** *173*, **zugeben** *190*

Enttäuschung ausdrücken → Verärgerung/Unzufriedenheit/Ent-täuschung/Ablehnung ausdrücken *106*; **ablehnen** *118*, **Bedenken äußern** *128*, **Ungeduld ausdrücken** *174*, **vorwerfen** *185*, **werten** *187*, **widersprechen** *188*
ergänzen → etwas vertiefen, auf etwas zurückkommen *74*
Ergebnis → Zahlen und Fakten nennen *57*, (Zwischen-)Ergebnisse zusammenfassen *76*, Ergebnisse festhalten *83*, einen Vortrag abschließen *85*, Ergebnisse präsentieren *88*, das Abstimmungs-ergebnis bekannt geben *89*; **Veränderungen und Entwicklungen beschreiben** *178*, **zusammenfassen** *191*

erinnern

sich
- Ach ja, richtig! Jetzt erinnere ich mich / fällt es mir wieder ein.
- Wenn ich mich recht erinnere/entsinne …

■ Es tut mir leid, aber an diese Zusage kann ich mich nicht erinnern.

■ Wie Sie sich sicher alle erinnern, hat/ist …

jemanden

■ Vergessen Sie bitte nicht, dass …

■ Denken Sie daran, dass …?

■ Herr Dr. Schösser, darf ich Sie an den Termin mit Herrn Michel um 16 Uhr erinnern?

■ Meine Damen und Herren, ich fürchte, ich muss Sie an unseren Zeitplan erinnern.

S. a. an den Zeitplan erinnern *70*

---

erklären

Erklärungen geben/anbieten

■ Das heißt / D. h. …

■ Mit anderen Worten / Anders gesagt: …

■ Lassen Sie mich es noch einmal anders sagen: …

■ Das bedeutet so viel wie …

■ Bei dieser Lieferung handelt es sich um …

■ Das bedeutet für uns, dass wir …

■ Hier muss ich etwas richtigstellen: Ich meinte nicht …, sondern …

■ Zu diesem Punkt ist nun noch anzumerken, dass …

■ Der Grund, weshalb wir dies getan haben, war: weil … / um … zu …

Verständigung sichern

■ Können Sie mir folgen?

■ Also noch einmal, nur um Missverständnisse zu vermeiden: …

■ Entschuldigung, aber das ist wohl ein Missverständnis.

■ Ich glaube, da haben wir uns falsch verstanden / missverstanden, ich meinte …

■ Nein, so habe ich das nicht gemeint. Ich dachte …

■ Bestehen noch irgendwelche Unklarheiten?

■ Ist das so weit verständlich oder haben Sie noch Fragen?

um Erklärungen bitten

- Können Sie mir das bitte genauer / noch einmal erklären?
- Ich fürchte, ich habe nicht alles verstanden. Können Sie das bitte noch einmal wiederholen?
- Können Sie mir erklären, was ... bedeutet?
- Gibt es für ... vielleicht ein anderes Wort / eine Umschreibung?
- Habe ich Sie richtig verstanden, Sie meinen also, dass ...?
- Worum geht es bei diesem Punkt genau?
- Was meinen Sie mit ...? / Was verstehen Sie unter ...?
- Mir ist nicht ganz klar, wer/wie/was/ob ...?
- Können Sie dafür ein Beispiel geben?
- Haben Sie dazu weitere/genauere/aktuelle Informationen?

für eröffnet/geschlossen erklären → Eröffnung, Programm, formell/ offiziell *80,* eine Versammlung beenden, formell/offiziell *89 f.;* **beenden** *129*

S. a. Verständigung am Telefon sichern *42,* ein Telefongespräch beenden *43,* Firmenrundgang: **Kap. 7, 48 ff.,** Präsentation: **Kap. 8, 55 ff.,** Agenda/Tagesordnung einer Sitzung/Konferenz vorstellen, Ziele beschreiben *65,* nachfragen, etwas klären, die Verständigung sichern, ein Missverständnis aufklären, etwas berichten, etwas vertiefen, auf etwas zurückkommen *73 ff.,* Messe: **Kap. 11, 94 ff.; anbieten** (Informationen) *120,* **begründen** *131,* **korrigieren** *152,* **präsentieren** *161,* **rechtfertigen (sich)** *165,* **schließen/schlussfolgern** *169,* **Verständigung sichern** *181,* **vorstellen** (etwas) *184*

erkundigen (sich) → **fragen** *145*

erlauben

um Erlaubnis bitten

- Darf ich?
- Gestatten Sie?
- Haben Sie etwas dagegen, wenn ich ...?
- Wenn es Ihnen nichts ausmacht, würde ich gern die Türe schließen?
- Darf ich bitte mal Ihr Telefon benutzen?
- Ist das Rauchen hier erlaubt?
- Darf man hier parken?

Erlaubnis geben
- Bitte sehr.
- Natürlich! / Aber gern. / Selbstverständlich.
- Bedienen Sie sich.
- Ja, das ist ohne Weiteres möglich.

Erlaubnis verweigern
- Tut mir leid, aber das geht nicht.
- Das ist leider nicht gestattet.
- Hierzu kann ich Ihnen leider keine Erlaubnis geben.
- Ich fürchte, das wird nicht so gerne gesehen.
- Nein, das ist aus Sicherheitsgründen strengstens verboten!

S. a. Anweisungen und Sicherheit *47,* eine kurze Besprechung / ein kurzes Gespräch zulassen *64;* **Möglichkeit/Unmöglichkeit ausdrücken** *155,* **Notwendigkeit ausdrücken** *159*

erläutern → erklären *141*

Erleichterung ausdrücken

- Na, da bin ich aber froh!
- Was für ein Glück!
- Das beruhigt mich sehr!
- Das ist ja noch einmal gut gegangen!
- Jetzt können wir aufatmen!
- Da fällt mir aber ein Stein vom Herzen! *(idiom. Wendung; so viel wie: Da bin ich aber sehr erleichtert.)*

ermutigen → beruhigen *132,* **trösten** *173*
eröffnen → beginnen *130*

Erstaunen ausdrücken

- Nanu!
- Hoppla! Was ist jetzt los?
- Was ist denn das? / Was hat denn das zu bedeuten?
- Das ist ja eine schöne Überraschung! *(auch ironisch bei unangenehmen Überraschungen)*

- Ja, ist denn das die Möglichkeit!
- Das wusste ich wirklich nicht!
- Ich bin sehr überrascht, wie sehr hier …
- Es erstaunt mich / verwundert mich, wie …
- Ich finde es sehr erstaunlich/verwunderlich, wie …
- Bei uns in … gibt es sehr viel weniger/mehr … als hier.
- Was mir bei Verhandlungen mit Deutschen immer wieder auffällt, ist: …

negativ → kulturbedingte Missverständnisse ansprechen, Probleme bei der Zusammenarbeit ansprechen, Verärgerung/Unzufriedenheit/Enttäuschung/Ablehnung ausdrücken *104 ff.;* **ablehnen** *118,* **Bedenken äußern** *128,* **Ungeduld ausdrücken** *174,* **vorwerfen** *185,* **werten** *187,* **widersprechen** *188*

S. a. Eindrücke beschreiben, Länder vergleichen *33;* **Eindrücke beschreiben** *138*

Essen → Gastfreundschaft: ***Kap. 4, S. 25 ff.;*** **ablehnen** *118,* **anbieten** *120,* **annehmen** *122,* **einladen** *138,* **empfehlen** *139,* **Tischformeln und Trinksprüche** *172*

Exkurse → Exkurse, Fragen, Zwischenfragen *60;* **ansprechen** *123*

F

Fakten → Zahlen und Fakten nennen *57,* Veränderungen und Entwicklungen aufzeigen *59*

Familie → nach dem Befinden fragen und reagieren *11,* Persönliches, Wohnen, Freizeit und Urlaub *33 f.*

Familienname → **Anredeform** *122*

Fehler → ein Missverständnis aufklären, etwas berichtigen *74;* **beruhigen** (auf Beschwerden reagieren) *132,* **beschweren (sich)** *133,* **entschuldigen (sich)** *140,* **korrigieren** *152,* **Missverständnisse klären** *155,* **überprüfen** *173*

festlegen (Termin) → ***Kap. 2, S. 16 ff.***

feststellen → Zahlen und Fakten nennen *57;* **anbieten** (Informationen) *120,* **bestätigen** *133,* **erklären** *141,* **präsentieren** *161,* **vorstellen** (etwas) *184,* **Veränderungen und Entwicklungen beschreiben** *178*

Firmenrundgang → ***Kap. 7, S. 46 ff.***

G

Gegenvorschlag machen

- Wäre es nicht besser, wenn wir …
- Mein Vorschlag hierzu wäre, dass …

- Ich würde vielleicht lieber vorschlagen, dass …
- Sollten wir nicht eher …?
- Ich finde, statt so viel Geld in die Werbung zu stecken, sollten wir lieber mehr in die Qualitätssicherung investieren.

Termin
- Tut mir leid, am Dienstag passt es bei mir nicht. Geht es am Mittwoch?
- Schade, da geht es bei mir nicht, aber vielleicht am Montag?
- Vormittags habe ich schon eine Besprechung, aber nachmittags hätte ich für Sie Zeit!

Gleichgültigkeit ausdrücken

- Von mir aus. / Meinetwegen.
- Warum nicht?
- So oder so – das ist mir egal.
- Das spielt keine Rolle.
- Ganz wie Sie wollen.
- Ich bin mit allem einverstanden.
- Das können Sie machen/halten, wie Sie möchten.

■ Ich finde das eine so gut wie das andere.

S. a. eine Meinung äußern, einverstanden sein 70; **Eindrücke beschreiben** 138

gliedern

■ Erstens … Zweitens … Drittens …
■ Einerseits …, andererseits …
■ Mein Referat gliedert sich in folgende Abschnitte: …
  – In der Einleitung werde ich …
  – Anschließend will ich kurz …
  – Im dritten Teil / Hauptteil komme ich zu …
  – Und am Schluss kann ich …
■ Lassen Sie mich beginnen mit …
■ Nun zu der Frage, ob/wer/welche …
■ Lassen Sie uns diesen Punkt abschließen und übergehen zu …

S. a. Präsentation: Beginn und Überblick 55, (Zwischen-)Ergebnisse zusammenfassen 76, die Diskussion strukturieren 82, einen Vortrag halten, gliedern, verweisen / sich beziehen auf 84, Ergebnisse präsentieren 88; **abwägen** 119, **zusammenfassen** 191

Glückwünsche äußern

■ Herzlichen Glückwunsch zum Geburtstag / zur Hochzeit / zur Geburt Ihres Sohnes / zu Ihrer neuen Position!
■ Meine herzlichsten Glückwünsche zum Geburtstag!
■ Ich möchte Ihnen, auch im Namen meiner Mitarbeiter und Mitarbeiterinnen, ganz herzlich zu … gratulieren!
■ Ein gutes neues Jahr! / Alles Gute im neuen Jahr! *(an Silvester)*
■ Alles Gute!
■ Glückwunsch!
■ Viel Erfolg!

auf Glückwünsche reagieren
■ Danke! Vielen herzlichen Dank!
■ Haben Sie ganz herzlichen Dank!
■ Danke gleichfalls/ebenfalls. *(z. B. auf „Alles Gute!")*

S. a. sich mit guten Wünsche begegnen/verabschieden, auf gute Wünsche reagieren *12,*
Kap. 13, S. 110 ff.; Komplimente machen *151,* **werten** *187*

---

gratulieren → **Glückwünsche äußern** *147*
Gründe angeben → **begründen** *131*
Gruppenarbeit → eine gute Gesprächsatmosphäre schaffen *68,*
   Konferenzen: ***Kap. 10, S. 79 ff.,*** Gruppenarbeiten, Ergebnisse
   präsentieren *87 f.*

grüßen

informell
- Hallo, Gerd!
- Grüß dich! *(ugs.)*
- Tag!

formell
- Guten Tag! / Guten Morgen! / Guten Abend!
- Grüß Gott! *(süddt.)*
- Guten Tag, ich heiße Jung.   □ Angenehm, mein Name ist
                                     Fuchs. Hier ist meine Karte.
- Guten Tag, mein Name ist Jutta Schwarz. Ich betreue als
  Vertriebsassistentin den österreichischen Markt.

Kunden/Besucher/Gäste
- Guten Tag!
- Herzlich willkommen bei …
- Guten Tag, kann ich Ihnen helfen?
- Meine sehr verehrten Damen und Herren, ich darf Sie zu unserer
  heutigen Versammlung willkommen heißen!
- Sehr geehrte Anwesende, ich habe die Ehre und das Vergnügen,
  Sie bei dieser Tagung zu begrüßen!
- Guten Tag, Frau Hermann, es freut mich, dass Sie unseren Stand
  besuchen.
- Guten Abend, herzlich   □ Guten Abend, vielen Dank für
  willkommen! Wie schön, dass   die freundliche Einladung!
  Sie kommen konnten!   Hoffentlich kommen wir nicht
                                 zu früh?

Grüße auftragen/ausrichten

- Grüßen Sie auch Ihre Frau von mir!
- Bitte grüßen Sie auch ganz herzlich Herrn Direktor Fischer von mir!
  - □ Vielen Dank, ich werde es ausrichten.
- Herr Direktor Müller lässt Sie herzlich grüßen, er ist heute leider nicht im Haus.
  - □ Ja, danke, grüßen Sie bitte ebenfalls Herrn Dr. Schüssler von mir.

S. a. Begrüßung: **Kap. 1, S. 8 ff.,** Gäste begrüßen, den/die Gastgeber begrüßen 26, ein Telefongespräch beenden 43, Firmenrundgang: Begrüßung und Überblick 46, Konferenz: Eröffnung, Programm, formell/offiziell 80, Messe: bekannte Messebesucher am Stand begrüßen, unbekannte Besucher ansprechen, als Kunde das Gespräch beginnen 93 f., Kleiner E-Mail-Knigge: **Kap. 14, S. 114 f.; Anredeform** 122, **vorstellen** (sich) 184

gut finden → **annehmen** 122, **Komplimente machen** 151, **werten** 187, **zustimmen** 193

herunterspielen

- Das macht doch nichts!
- Nicht der Rede wert!
- Wo liegt eigentlich das Problem?
- Das sind doch nur Kleinigkeiten!
- Ich denke, das kann man vernachlässigen.
- Es wäre doch gelacht, wenn wir das nicht schaffen würden!

S. a. **Gleichgültigkeit ausdrücken** 146

Hilfe anbieten → bei der Anmeldung / am Empfang 18, Telefon: weiterverbinden, Hilfe anbieten 38; **anbieten** 120, **ansprechen** 123

hinterlassen → **Nachricht hinterlassen** 156

hinweisen → **aufmerksam machen** 125, **erklären** 141, **präsentieren** 161, **vorstellen** 184

hinzufügen → etwas vertiefen, auf etwas zurückkommen 74

Hoffnung ausdrücken

- Hoffentlich!
- Ich hoffe mal / will mal hoffen, dass ...
- Dann wollen wir mal das Beste hoffen.
- Ich finde, unsere Chancen stehen nicht schlecht!
- Na, hoffentlich geht das gut.
- Diese Dienstleistungsidee hat glänzende Aussichten auf dem Markt!
- Die Hoffnungen auf einen Abbau der Arbeitslosigkeit sind nicht ganz unbegründet.

S. a. gute Wünsche und Grüße auftragen und ausrichten, sich mit guten Wünschen begegnen/verabschieden *12;* **Bedenken äußern** *128,* **Glückwünsche äußern** *147*

Hotel → Reisen: *Kap. 3, S. 22 ff.*

I

informieren → Informationen zu Firma und Produkten geben *94,* nähere Informationen anbieten *96;* **anbieten** (Informationen) *120,* **antworten** *124,* **erklären** *141,* **präsentieren** *161,* **vorstellen** *184*
um Informationen bitten → **fragen** *145*

Interesse ausdrücken

- Das ist ja interessant!
- Das klingt spannend! *(ugs.)*
- Können Sie mir hierzu vielleicht noch mehr sagen / hiervon noch mehr zeigen?
- In diesem Zusammenhang würde mich interessieren, ob / wann / wer / bis wann ...?
- Ihr Angebot ist für uns sehr interessant, wir würden Sie jedoch auch noch um Auskunft zu den genauen Liefer- und Zahlungsbedingungen bitten.
- Unser Interesse in dieser Angelegenheit ist folgendes: ...
- Sowohl im Interesse unserer Kollegen und Kolleginnen als auch in unserem eigenen möchten wir ...

S. a. Fragen zu Produkten stellen *50,* Exkurse, Fragen, Zwischenfragen *60,*
den Referenten ansprechen *86,* Messe: als Kunde das Gespräch beginnen *94,*
Interesse ausdrücken *96;* **aktives Zuhören signalisieren** *119,* **Ziele formulieren** *190*

interkulturelle Konflikte → *Kap. 12, S. 100 ff.*
auf Irrtum hinweisen → **korrigieren** *152,* **Missverständnisse klären**
155

J

Ja sagen → **annehmen** *122,* **bestätigen** *133,* **zustimmen** *193*

K

klären → nachfragen, etwas klären, die Verständigung sichern,
ein Missverständnis aufklären, etwas berichtigen *73 f.;*
erklären *141,* **korrigieren** *152,* **Missverständnisse klären** *155,*
vergewissern (sich) *179,* **überprüfen** *173,* **Verständigung sichern**
181, **um Wiederholung bitten** *189,* **Zuständigkeit klären** *192*
kommentieren → **aktives Zuhören signalisieren** *119,*
bestätigen *133,* **Meinungen ausdrücken** *154,* **werten** *187*
Kompetenz klären → **Zuständigkeit klären** *192*

Komplimente machen

- Mein Kompliment! / Alle Achtung!
- Hut ab! *(ugs.)*
- Das sieht wirklich gut aus!
- Über Ihr Unternehmen und Ihre Produkte habe ich bisher nur
  Gutes gehört.
- Ich muss schon sagen, Sie haben es sehr gemütlich hier!
- Ihr Deutsch ist ja ganz ausgezeichnet!

S. a. einem Vorschlag zustimmen, Lob und Anerkennung äußern *71,* Glückwünsche:
Kap. 13, S. 110 ff.; **annehmen** *122,* **werten** *187,* **zustimmen** *193*

Kompromiss finden

- Machen/Schließen wir doch einen Kompromiss!

- Wäre es nicht ein guter Kompromiss / eine gute Kompromiss-lösung, wenn wir ...
- Diese Lösung hat zwar für beide Seiten Nachteile, aber sicher auch einige Vorteile.
- Hätte es nicht für alle Beteiligten Vorteile, wenn man ...?
- Können wir uns vielleicht so einigen, dass wir ... und Sie dafür ...?
- Kommen wir uns doch gegenseitig auf halbem Weg entgegen!

S. a. einen Kompromiss finden, einen Konsens herstellen *106;* **abwägen** *119,* **zustimmen** *193*

Konferenz/Kongress → Verhandlungen: *Kap. 9, S. 64 ff.,*
Konferenzen: *Kap. 10, S. 79 ff.;* beenden *129,* **beginnen** *130*
Konflikte ansprechen → **Probleme ansprechen** *163*
Konsens → **Kompromiss finden** *151*
Kontakt aufnehmen/herstellen → Small Talk: Kontakt aufnehmen *32;* **ansprechen** *123*
Kontrollfragen stellen → **Verständigung sichern** *181,* **um Wiederholung bitten** *189*

korrigieren

sich
- Verzeihung, ich wollte sagen: ...
- Entschuldigung, ich meine nicht ..., sondern ...
- Da habe ich mich versprochen: Es muss natürlich heißen „Gewinn vor Steuern", nicht „nach Steuern"!
- Ich muss mich korrigieren: Nach Auskunft des Verlages wird dieser Titel nicht mehr im Sommer, sondern frühestens im Herbst erscheinen.

jemanden
- Verzeihung, meinen Sie ... oder ...?
- Meinen Sie tatsächlich ...?
- Pardon, wollten Sie vielleicht ... sagen?
- Ich glaube, jetzt haben Sie sich versprochen, Sie meinten wahrscheinlich ..., oder nicht?

L

etwas
- Auf Seite 17 des Vertrages muss es in Zeile 4 „der Käufer" heißen, nicht „der Verkäufer".
- Die Grafik ist hier nicht ganz korrekt, dieses Segment ist zu groß geraten.
- In dieser Tabelle ist leider die letzte Spalte vergessen worden.
- In der Rechnung haben sich zahlreiche Fehler eingeschlichen.

S. a. Verständigung am Telefon sichern *42*, nicht einverstanden sein *71*, einen Gegenvorschlag machen, Bedenken/Kritik äußern, mit Kritik nicht oder nur teilweise einverstanden sein *72 f.*, nachfragen, etwas klären, die Verständigung sichern *73*, ein Missverständnis aufklären, etwas berichtigen *74*, ein problematisches Thema/Verhalten ansprechen *101*, Tabuwörter vermeiden *104*, Probleme bei der Zusammenarbeit ansprechen *105*, Verärgerung/Unzufriedenheit/Enttäuschung/Ablehnung ausdrücken, auf Kritik reagieren *106*; **ablehnen** *118*, **Bedenken äußern** *128*, **Missverständnisse klären** *155*, **überprüfen** *173*, **Verständigung sichern** *181*, **werten** *187*, **widersprechen** *188*, **zugeben** *190*

kritisieren → nicht einverstanden sein *71*, einen Gegenvorschlag machen, Bedenken/Kritik äußern, mit Kritik nicht oder nur teilweise einverstanden sein *72 f.*, den Referenten ansprechen *86*, ein problematisches Thema/Verhalten ansprechen *101*, Tabuwörter vermeiden *104*, Probleme bei der Zusammenarbeit ansprechen *105*, Verärgerung/Unzufriedenheit/Enttäuschung/ Ablehnung ausdrücken, auf Kritik reagieren *106*; **ablehnen** *118*, **abwägen** *119*, **Bedenken äußern** *128*, **korrigieren** *152*, **Ungeduld ausdrücken** *174*, **vorwerfen** *185*, **werten** *187*, **widersprechen** *188*

Kultur → interkulturelle Konflikte: *Kap. 12, S. 100 ff.*

Kunde → Messe: als Kunde das Gespräch beginnen, den Kunden befragen *94*, Fragen des Kunden *95*, Kundenbetreuung und Einladung *97*; **anbieten** *120*, **ansprechen** *123*, **einladen** *138*, **grüßen** *148*, **verabschieden (sich)** *176*

L

Länder beschreiben → Small Talk: *Kap. 5, S. 32 ff.*, interkulturelle Konflikte: *Kap. 12, S. 100 ff.*

leidtun → **bedauern** *128*, **entschuldigen (sich)** *140*
loben → einem Vorschlag zustimmen, Lob und Anerkennung äußern
71, Komplimente machen *111*; **annehmen** *122*, **Komplimente
machen** *151*, **werten** *187*, **zustimmen** *193*

M

Maßnahmen diskutieren → **vorschlagen** *183*

Meinungen ausdrücken

- Ich finde/meine/denke, dass …
- Ich bin der Meinung, dass …
- Meiner Ansicht/Meinung/Auffassung nach …
- Ich sehe die Sache so: …
- Soviel ich weiß, ist/hat …
- Ich habe hier den Eindruck gewonnen, dass …
- Für mich besteht kein Zweifel daran, dass …
- Meine Damen und Herren, Sie alle kennen meinen Standpunkt in
  dieser Frage: Ich halte es nach wie vor für sinnvoll, dass …
- Aus der Sicht unserer Entwicklungsabteilung stellt sich die Sache
  folgendermaßen dar: …
- Der Meinung meines Vorredners kann ich mich leider nicht ganz
  anschließen, denn …

S. a. eine Meinung äußern *70*, nicht einverstanden sein *71*, Bedenken/Kritik äußern
72, mit Kritik nicht oder nur teilweise einverstanden sein *73*, den Referenten
ansprechen *86*, Eindrücke/Erfahrungen/Beobachtungen beschreiben *102*;
abwägen *119*, **annehmen** *122*, **Bedenken äußern** *128*, **bestätigen** *133*, **Eindrücke
beschreiben** *138*, **Präferenzen ausdrücken** *161*, **Prioritäten ausdrücken** *163*,
Resignation ausdrücken *166*, **Sicherheit/Unsicherheit ausdrücken** *169*,
verallgemeinern *177*, **widersprechen** *188*, **zustimmen** *193*

melden (sich) → Telefon: anrufen, sich am Telefon vorstellen,
angerufen werden, sich am Telefon melden *37*, zu Wortmeldun-
gen auffordern *68*; **anmelden (sich)** *121*
Mengen → Zahlen und Fakten nennen *57*, Veränderungen und
Entwicklungen aufzeigen *59*
Messe → *Kap. 11, S. 93 ff.*

missbilligen → **ablehnen** *118,* **werten** *187,* **widersprechen** *188*

Missverständnisse klären

- Das muss ein Missverständnis sein.
- Ich glaube, da haben wir uns missverstanden, ich meinte …
- Ich weiß nicht, ob wir uns jetzt ganz richtig verstanden haben.
- Verzeihung, aber so hatte ich das nicht gemeint.
- Das muss ich richtigstellen: Ich meinte nicht …, sondern …
- Also, nur um Missverständnisse zu vermeiden, lassen Sie es mich vielleicht noch einmal wiederholen, ja?
- Ich bin mir nicht ganz sicher, wie Sie das meinen.
- Ich verstehe jetzt, glaube ich, nicht ganz, was Sie damit sagen wollen.
- Ich weiß nicht genau, wie das bei Ihnen abläuft. Bei uns …

S. a. Verständigung am Telefon sichern *42,* nachfragen, etwas klären, die Verständigung sichern, ein Missverständnis aufklären, etwas berichtigen *73 f.,* kulturbedingte Missverständnisse ansprechen, Probleme bei der Zusammenarbeit ansprechen *104 f.;* **erklären** *141,* **korrigieren** *152,* **überprüfen** *173,* **Verständigung sichern** *181,* **um Wiederholung bitten** *189*

Mitarbeiter vorstellen → *48;* **vorstellen** (andere) *184*
Mitgefühl ausdrücken → Beileid ausdrücken, auf Beileid reagieren *110 f.;* **bedauern** *128*

Möglichkeit/Unmöglichkeit ausdrücken

positiv
- Ja, das wäre möglich / eine Möglichkeit!
- Das halte ich für sehr wahrscheinlich.
- Ja, das geht / das lässt sich machen.
- Selbstverständlich können Sie auch …
- Genauso gut könnte man …
- Außerdem gibt es die Möglichkeit, dass Sie …
- Eine Alternative hierzu besteht darin, … zu …
- Oder aber: …
- Käme für Sie evtl. auch ein Outsourcing des Inkassos infrage, um die betriebsinternen Kosten weiter zu senken?

- Dasselbe Modell können Sie übrigens auch in Silber oder Dunkelblau bekommen.

negativ
- Das geht leider nicht / ist leider nicht möglich.
- Dafür sehe ich keine Möglichkeit.
- Das halte ich für wenig wahrscheinlich / ziemlich unwahrscheinlich.
- Das ist vollkommen ausgeschlossen.
- Auf gar keinen Fall.
- Da führt kein Weg hin. *(idiom. Wendung)*
- Hier stehen wir vor unüberwindlichen Hindernissen.
- Wir stoßen hier an die Grenzen unserer Produktionskapazitäten: Mehr schaffen wir einfach nicht!
- Das ist mit unserer Unternehmenskultur nicht vereinbar.

S. a. **ablehnen** *118*, **annehmen** *122*, **bedauern** *128*, **beruhigen** *132*, **erlauben** *142*, **Notwendigkeit ausdrücken** *159*, **rechtfertigen (sich)** *165*, **Resignation ausdrücken** *166*, **Sicherheit/Unsicherheit ausdrücken** *169*, **verallgemeinern** *177*, **vermuten** *180*, **vorschlagen** *183*, **widersprechen** *188*, **zustimmen** *193*

N

nachfragen → nachfragen, etwas klären, die Verständigung sichern, ein Missverständnis aufklären, etwas berichtigen, vertiefen, auf etwas zurückkommen, unterbrechen *73 ff.*, Wörter/Ausdrücke erklären *103*; **erklären** *141*, **korrigieren** *152*, **Missverständnisse klären** *155*, **überprüfen** *173*, **unterbrechen** *174*, **vergewissern (sich)** *179*, **Verständigung sichern** *181*, **um Wiederholung bitten** *189*

Nachricht hinterlassen

- Könnten Sie bitte Frau Wegener ausrichten, dass ich mich leider um eine Viertelstunde verspäten werde?
- Bestellen Sie bitte Herrn Schmitz, er soll mich anrufen.
- Sagen Sie Frau Wildgruber, ich habe mich über Ihre Nachricht sehr gefreut!

an der Rezeption
- Kann ich bei Ihnen eine Nachricht für Herrn Kaiser hinterlassen?
- Wären Sie so freundlich und würden Sie diesen Brief Herrn Resch übergeben?
- Könnten Sie das bitte ins Fach von Frau Lüders legen?

am Telefon
- Wenn Sie Herrn Schranz vielleicht ausrichten könnten, er möchte mich bitte zurückrufen?
- *(Text auf AB oder Mailbox:)* Hier ist der Anrufbeantworter / die Mailbox von Sabine Schleicher. Ich bin im Moment nicht erreichbar. Sie können mir aber gerne eine Nachricht hinterlassen. Ich rufe Sie dann umgehend zurück.
- *(als Anrufer auf AB sprechen:)* Guten Tag, Schreiber hier, von der Buchhandlung Peschke. Herr Schulz, ich wollte Ihnen nur mitteilen, das Buch „Wirtschaft und Gesellschaft", das Sie bei uns bestellt hatten, ist eingetroffen und kann abgeholt werden.

S. a. um Dienstleistungen bitten *23*, Telefon: Hilfe anbieten, um einen Rückruf bitten, Anrufbeantworter (AB) und Mailbox *38 ff.;* **anbieten** *120,* **bitten** *135*

Neues ansprechen

- Wissen Sie schon das Neueste?
- Was gibt's Neues? *(ugs.)*
- Wussten Sie schon / Haben Sie schon gehört, dass …?
- Es gibt gute Nachrichten/Neuigkeiten!
- Ich habe leider schlechte Nachrichten von unserer Export-
  abteilung.
- Hier sehen Sie ein Muster unserer neuesten Entwicklung.
- Dieses Gerät ist eine echte Weltneuheit!

Nichtwissen ausdrücken

Ich weiß (es) nicht.

O

- Keine Ahnung. *(ugs.)*
- Das entzieht sich meiner Kenntnis.
- Das kann ich Ihnen leider nicht sagen.
- Ich fürchte, da bin ich überfragt.
- Das wüsste ich auch gerne!
- Das muss ich noch klären.
- Ich tappe völlig im Dunkeln. *(ugs., idiom. Wendung)*
- Ich habe keinen blassen Schimmer. *(ugs., idiom. Wendung)*

S. a. eine Antwort offenhalten, eine Entscheidung vertagen *43;* **antworten** *124,*
aufschieben *126,* **offenlassen** *159,* **Ratlosigkeit ausdrücken** *164,* **Resignation**
ausdrücken *166,* **überprüfen** *173*

Notwendigkeit ausdrücken

- Ich fürchte, das muss sein.
- Daran führt wohl kein Weg vorbei.
- Das werden wir kaum verhindern können.
- In dieser Angelegenheit haben wir leider keinerlei Spielraum.
- Es bleibt uns nichts anderes übrig.
- Das dürfte die einzige Möglichkeit sein.
- Ich sehe hierzu wirklich keine Alternative.
- Neue Märkte können wir nur durch Innovationen erschließen und dafür müssen wir eben mehr in die Entwicklung investieren, da beißt die Maus keinen Faden ab. *(ugs., idiom. Wendung; so viel wie: Das ist einfach so.)*

S. a. nicht einverstanden sein *71,* Bedenken/Kritik äußern *72;* **ablehnen** *118,*
bedauern *128,* **Bedenken äußern** *128,* **begründen** *131,* **Meinungen ausdrücken** *154,*
Möglichkeit/Unmöglichkeit ausdrücken *155,* **rechtfertigen (sich)** *165,* **Resignation**
ausdrücken *166,* **Sicherheit/Unsicherheit ausdrücken** *169,* **verallgemeinern** *177,*
widersprechen *188*

O

offenlassen

- Diese Frage müssen wir wohl vorerst offenlassen.

159

- Darauf können wir ja später noch einmal zurückkommen.
- Das ist ein sehr interessantes Thema, steht heute aber nicht zur Debatte.
- Dieses Thema können wir heute vermutlich nicht abschließend behandeln.
- Ich denke, diese Detailfragen sind für unseren Zusammenhang nicht so wichtig.
- Sind Sie einverstanden, wenn wir diesen Punkt auf die nächste Besprechung verschieben?
- Um diese Frage definitiv klären zu können, müssen wir erst noch einmal Rücksprache mit der Herstellung nehmen.

P

Präferenzen ausdrücken

- Besser fände ich es, wenn …
- Ich würde lieber …
- Lieber wäre (es) mir, wir würden …
- Ich würde es vorziehen, … zu …
- Am liebsten wäre es mir, wenn …
- Für wichtiger halte ich …
- Was darf ich Ihnen an-   □ Danke, am liebsten hätte ich
  bieten – Tee oder Kaffee?   ein Glas Wasser.

S. a. Small Talk: *Kap. 5, S. 32 ff.*, einen Gegenvorschlag machen *72*; **ablehnen** *118*, **annehmen** *122*, **Gegenvorschlag machen** *145*, **Prioritäten ausdrücken** *163*, **zustimmen** *193*

präsentieren

- Guten Tag, mein Name ist Gerd Müller. Ich freue mich, Ihnen heute unser Unternehmen vorstellen zu dürfen.

- Zu Beginn unserer Präsentation möchte ich Ihnen ... zeigen.
- Auf der folgenden Grafik/Folie sehen Sie ...
- Auf dieser Achse ist ... aufgeführt.
- Der Produktionsablauf ist in einem Flussdiagramm dargestellt.
- Die Marktanteile sehen Sie auf diesem Tortendiagramm, die Entwicklung des Umsatzes zeigt dieses Säulendiagramm.
- Wollen wir uns die Entwicklung von 2008 bis 2012 betrachten.
- Bitte beachten Sie auch ...
- Wie Sie hier sehr gut sehen können, ...
- Wie Sie den Zahlen/Daten entnehmen können, ...
- Ich möchte Sie besonders auf ... aufmerksam machen.
- Alle wichtigen Informationen finden Sie auch auf unserer Website unter www...

S. a. Präsentation: *Kap. 8, S. 55 ff.,* einen Vortrag halten, gliedern, sich beziehen auf, zitieren, einen Vortrag abschließen *84 f.,* Gruppenarbeiten, Ergebnisse präsentieren *87 f.,* nähere Informationen anbieten *96;* **anbieten** (Informationen) *120,* **erklären** *141,* **vorstellen** (etwas) *184*

---

präsizieren

- Genauer gesagt: ...
- Ungefähr zwei Drittel der Belegschaft – 64 %, um genau zu sein – haben sich an der Wahl des Betriebsrats beteiligt.
- Im Detail / Im Einzelnen sieht die Sache nun folgendermaßen aus: ...
- Die detaillierten Angaben zur Umsatzentwicklung finden Sie in Ihrem Handout.
- Wenn ich das eben Gesagte noch einmal präzisieren darf: ...

S. a. Verständigung am Telefon sichern *42,* nachfragen, etwas klären, die Verständigung sichern, ein Missverständnis aufklären, etwas berichtigen, etwas vertiefen, auf etwas zurückkommen *73 f.,* gliedern, verweisen / sich beziehen auf *84;* **gliedern** *147,* **schließen/schlussfolgern** *169,* **Verständigung sichern** *181*

Preis → Firmenrundgang: die Vorteile eines Produkts betonen, Fragen zu Produkten stellen *50,* Präsentation: Veränderungen und Entwicklungen aufzeigen *59,* Messe: Informationen

P

zu Firma und Produkten geben *94*, nähere Informationen
anbieten *96*

Prioritäten ausdrücken

- Das hat absolute Priorität!
- Dieser Gesichtspunkt hat Priorität vor allen anderen.
- An erster Stelle steht für uns …
- In erster Linie geht es mir um …
- Das Wichtigste in diesem Zusammenhang ist …
- Der entscheidende Punkt hierbei ist folgender: …
- Es kommt hierfür ganz auf die Rückmeldungen unseres Außen-
  dienstes an.
- Von der pünktlichen Einhaltung der Lieferfristen hängt bei diesem
  Projekt wirklich alles ab.
- Solange die Finanzierung nicht geklärt ist, brauchen wir auch
  über alles andere nicht zu reden.

S. a. eine Meinung äußern *70*, Eindrücke/Erfahrungen/Beobachtungen beschreiben
102; **abwägen** *119*, **Meinungen ausdrücken** *154*, **Präferenzen ausdrücken** *161*,
Ungeduld ausdrücken *174*, **werten** *187*

Privates → **Persönliches** *161*

Probleme ansprechen

- Ich habe da ein Problem.
- Ich fürchte, wir haben hier ein größeres Problem.
- Über folgendes Problem sollten wir einmal sprechen.
- Es gibt da etwas, worüber ich gerne einmal mit Ihnen gesprochen
  hätte.
- Vielleicht haben Sie es ja auch schon bemerkt: …
- Wir sollten die Schwierigkeiten in diesem Zusammenhang
  keinesfalls auf die leichte Schulter nehmen. *(idiom. Wendung;
  hier:* auf keinen Fall ignorieren*)*
- Nehmen Sie es mir bitte nicht übel, aber die Form unserer
  Zusammenarbeit finde ich doch etwas unbefriedigend.
- Ich bin mir nicht ganz sicher, ob es sich hier jetzt um ein
  inhaltliches Problem handelt oder um ein sprachliches.

S. a. Bedenken/Kritik äußern *72*, ein problematisches Thema/Verhalten ansprechen, Eindrücke/Erfahrungen/Beobachtungen beschreiben, Sprachprobleme ansprechen *101 ff.*, Tabuwörter vermeiden *104*, Probleme bei der Zusammenarbeit ansprechen *105*, Verärgerung/Unzufriedenheit/Enttäuschung/Ablehnung ausdrücken *106*; **ablehnen** *118*, **Bedenken äußern** *128*, **beschweren (sich)** *133*, **Ungeduld ausdrücken** *174*, **vorwerfen** *185*, **warnen** *186*, **werten** *187*

Produkt → Firmenrundgang: Produkte und Prozesse erklären, die Vorteile eines Produkts betonen, Fragen zu Produkten stellen *49 ff.*, Präsentation: **Kap. 8, S. 55 ff.**, Messe: Informationen zu Firma und Produkten geben, Fragen des Kunden, nähere Informationen anbieten *94 ff.*; **anbieten** *120*, **Neues ansprechen** *158*, **präsentieren** *161*, **vorstellen** *184*

Programm → Agenda, Vorstellung der Tagesordnung *19*, Agenda/ Tagesordnung einer Sitzung/Konferenz vorstellen, Ziele beschreiben, Dauer der Besprechung *65 f.*, den Gesprächsverlauf steuern, an den Zeitplan erinnern *70*, Konferenzen: Anmeldung, Registrierung, Zeit- und Ortsangaben, Eröffnung, Programm *79 f.*, Tagesordnung und Zeitplan *81*

Prospekt → Messe: als Kunde das Gespräch beginnen *94*, nähere Informationen anbieten *96*; **anbieten** (Informationen) *120*

Protokoll → Gesprächsleitung und Protokoll bestimmen *67*, (Zwischen-)Ergebnisse zusammenfassen *76*, Organisatorisches, Protokoll *80*, Gruppenarbeiten *87*; **zusammenfassen** *191*

prüfen → **überprüfen** *173*

Q

Qualität → **Produkt**
Quittung → **bezahlen** *134*

R

raten → **empfehlen** *139*

Ratlosigkeit ausdrücken

■ Tja, und nun? *(ugs.)*

- Keine Ahnung. *(ugs.)*
- Was machen wir jetzt?
- Wie soll es jetzt bloß weitergehen?
- Da weiß ich (mir) auch keinen Rat.
- Da weiß ich leider auch nicht weiter.
- Ich weiß wirklich nicht, wo der Fehler liegt!
- Hier ist guter Rat teuer. *(idiom. Wendung; so viel wie:* schwer zu bekommen*)*

S. a. eine Antwort offenhalten, eine Entscheidung vertagen *43;* **antworten** *124,* **aufschieben** *126,* **Nichtwissen ausdrücken** *158,* **offenlassen** *159,* **Resignation ausdrücken** *166,* **überprüfen** *173,* **vorschlagen** *183*

Ratschläge geben → **empfehlen** *139*
Räumlichkeiten erklären → *48*

reagieren → auf eine Vorstellung *9,* nach dem Befinden fragen und reagieren *11,* auf gute Wünsche *12,* auf eine Zu- oder Absage *26,* auf Kritik, einverstanden sein, mit Kritik nicht oder nur teilweise einverstanden sein *72 f.,* auf Kritik *106,* auf Glückwünsche, Beileid *111;* **antworten** *124,* **bedauern** *128,* **beruhigen** *132,* **bestätigen** *133,* **entschuldigen (sich)** *140,* **rechtfertigen (sich)** *165,* **widersprechen** *188,* **zugeben** *190*

recht geben → einverstanden sein *70,* auf Kritik reagieren, einverstanden sein, mit Kritik nicht oder nur teilweise einverstanden sein *72 f.;* **bestätigen** *133,* **korrigieren** (sich) *184,* **zugeben** *190,* **zustimmen** *193*

rechtfertigen (sich)

- Ich sah leider keine andere Möglichkeit.
- Das musste ich leider so machen, weil …
- Mir blieb nichts anderes übrig, denn …
- Verzeihung, aber Sie selbst hatten doch gesagt, ich sollte das auf diese Weise erledigen.
- Etwas anderes zu tun, liegt leider außerhalb meiner Kompetenz / meines Zuständigkeitsbereiches.
- Das ist natürlich bedauerlich, aber der Fehler liegt nicht bei uns, sondern …

- Hier war ich leider falsch informiert. Wenn ich das gewusst hätte, hätte ich natürlich …
- Ich konnte dem Kunden bis jetzt kein Angebot machen, weil ich hierfür immer noch auf eine Rückmeldung aus der Fertigung warte.
- In dieser Angelegenheit sind mir leider die Hände gebunden. *(idiom. Wendung; hier: In dieser Sache kann ich leider nicht frei entscheiden.)*

Resignation ausdrücken

- Da kann man nichts machen.
- Damit müssen wir wohl leben. *(idiom. Wendung; so viel wie: S. folgende Zeile.)*

R

- Das lässt sich wohl leider nicht ändern.
- Das hat alles keinen Zweck.
- Hier ist Hopfen und Malz verloren. *(idiom. Wendung; so viel wie:* Hier sind alle Anstrengungen umsonst.*)*
- Wenn der Streik den ganzen Güterverkehr lahmlegt, dann sind wir einfach machtlos.
- Bei den Preisen der Konkurrenz können wir nicht mithalten, da müssen wir die Segel streichen! *(idiom. Wendung; so viel wie:* Da müssen wir aufgeben/kapitulieren!*)*

für Ruhe/Ordnung sorgen

- Ruhe bitte!
- Darf ich um Ruhe bitten!
- Darf ich für einen Moment um Ihre Aufmerksamkeit bitten!

- Meine Damen und Herren, wir kommen doch nicht weiter, wenn alle gleichzeitig sprechen!
- Bitte einer nach dem anderen! Ich würde vorschlagen: erst Sie, Herr Lehnert, dann Sie, Frau Reichert, und anschließend Sie, Herr Burgmüller.
- Bitte lassen Sie Herrn Nissl aussprechen, Frau Meier! Sie dürfen sich dann auch gleich dazu äußern.
- Zur Sache bitte! / Zurück zum Thema bitte!
- Vielleicht sollten wir doch besser erst diesen Punkt abschließen, bevor wir zum nächsten übergehen.
- Meine sehr verehrten Damen und Herren, darf ich Sie an die Uhr / unseren Zeitplan erinnern?

Rundgang in einer Firma → *Kap. 7, S. 46*

S

zur Sache kommen

- Es geht um Folgendes: ...
- Es handelt sich um ...
- Ich möchte gerne mit Ihnen über ... sprechen.
- Die Sache ist die, dass ... *(idiom. Wendung)*
- Vielleicht können wir ja gleich zur Sache kommen: Ich möchte heute folgende Punkte ansprechen: ...
- Der eigentliche Zweck meines Besuches ist folgender: ...
- Also, dann wollen wir mal! *(ugs.)*
- Meine Damen und Herren, zur Sache bitte!
- Ich finde, das tut jetzt nichts zur Sache / gehört jetzt nicht hierher, wir sollten uns stattdessen auf ... konzentrieren.
- Können wir bitte bei der Tagesordnung / beim Thema bleiben!

S

S. a. ein Telefongespräch beginnen *41*, ein Thema ansprechen, das Thema eingrenzen, den Gesprächsverlauf steuern, an den Zeitplan erinnern *68 ff.*, die Diskussion strukturieren *81*; **beginnen** *130*, **gliedern** *147*, **für Ruhe/Ordnung sorgen** *167*, **Ziele formulieren** *190*

schließen / Schluss machen → beenden *129*

schließen/schlussfolgern

- Daraus schließe ich, dass …
- Daraus geht hervor, dass …
- Das heißt / D. h. also, dass …
- Daraus kann man eigentlich nur den Schluss ziehen, dass …
- Insgesamt ergibt sich also folgendes Bild: …
- Im Endeffekt ist es so, dass …
- Zusammenfassend kann man wohl sagen: …
- Unter Berücksichtigung aller Faktoren/Gesichtspunkte komme ich zu folgendem Schluss: …
- Das Gesamtergebnis unserer Studie lautet also: …
- Wir können somit folgendes Fazit ziehen: …
- Meine Damen und Herren, unsere Schulden sind enorm, unsere Kunden zahlungsunfähig, unsere Rücklagen aufgebraucht, unsere Auftragsbücher leer – mit anderen Worten: Wir sind pleite!

S. a. Verständigung am Telefon sichern *42*, ein Thema/Referat abschließen *60*, nachfragen, etwas klären, die Verständigung sichern *73*, (Zwischen-)Ergebnisse zusammenfassen *76*; **erklären** *141*, **präzisieren** *162*, **Verständigung sichern** *181*, **zusammenfassen** *191*

Sehenswürdigkeiten → Wohnen, Freizeit und Urlaub *33*

Sicherheit/Unsicherheit ausdrücken

- Da bin ich mir völlig/ganz/ziemlich/einigermaßen sicher.
- Ich bin/wäre mir da nicht so sicher.
- Kann sein.
- Ich weiß wirklich nicht, ob …
- Ich bin völlig überzeugt, dass …
- In dieser Hinsicht kann ich Sie völlig beruhigen!

- Das ist völlig ausgeschlossen.
- Davon kann man wohl nur träumen!
- Daran besteht überhaupt kein Zweifel!
- Ich versichere Ihnen, dass dieses Produkt technisch auf dem allerneuesten Stand ist.
- Was den Absatz im Inland betrifft, bin ich wirklich zuversichtlich, aber im Hinblick auf die Exportchancen habe ich doch meine Zweifel.
- Genau das, meine Herren, ist hier die Frage: Werden wir mit diesem Produkt jemals den Deckungsbeitrag erwirtschaften oder handelt es sich um ein reines Prestigeprojekt?

zum Tanz auffordern

- Darf ich bitten?   ☐ Gern.
- Gestatten Sie?   ☐ Danke, ich tanze nicht.
- Verzeihung, tanzen Sie?   ☐ Im Augenblick nicht, danke.

Tischformeln und Trinksprüche

guten Appetit wünschen
- Guten Appetit!   □ Danke, gleichfalls!
- Wohl bekomm's! *(ugs.)*
- Lassen Sie es sich schmecken!
- Bitte greifen Sie zu! / Bitte bedienen Sie sich!
- Ich hoffe, es schmeckt Ihnen!

Trinksprüche
- Zum Wohl!
- Prost!/Prosit!
- Trinken wir auf das Wohl unserer verehrten Gäste / unseres verehrten Gastgebers!
- Einen Toast *(so viel wie:* Trinkspruch*)* auf unsere Gastgeber!
- Herzlichen Dank für die freundliche Einladung!
- Wir freuen uns sehr, dass Sie kommen konnten!

während des Essens
- Darf ich Ihnen nachschenken?
- Möchten Sie noch einen Schluck Wein?
- Darf ich Ihnen noch etwas von der Pastete geben?
- Nehmen Sie Salat dazu?
- Würden Sie mir bitte den Käse reichen?
- Wenn Sie nachwürzen wollen, bedienen Sie sich bitte!
- Es schmeckt ausgezeichnet!
- Der Wein ist hervorragend!
- Das habe ich noch nicht gegessen, aber es schmeckt köstlich!
- Wer möchte jetzt noch einen Kaffee?
- Was darf ich Ihnen noch anbieten?   □ Vielen Dank, es war vorzüglich, aber ich bin wirklich satt!

S. a. Gastfreundschaft: **Kap. 4, S. 25 ff.;** ablehnen *118,* anbieten *120,* **annehmen** *122,* **danken** *136*

Trinkgeld → bezahlen *134*
Trinksprüche → **Tischformeln und Trinksprüche** *172*

trösten

- Machen Sie sich nichts draus!
- Das kann jedem mal passieren.
- Das ist mir/anderen auch schon einmal passiert.
- Kopf hoch, das bekommen/kriegen wir schon wieder hin. *(ugs.)*
- Alles halb so schlimm!
- Das wird schon wieder (werden).
- Das war aber auch ganz schön viel Unglück auf einmal!

S. a. **beruhigen** *132,* **Sicherheit/Unsicherheit ausdrücken** *169*

U

Überblick → Agenda, Vorstellung der Tagesordnung *19,*
Firmenrundgang: Begrüßung und Überblick *46,* Präsentation:
Beginn und Überblick *55,* ein Thema/Referat abschließen *60;*
beenden *129,* **beginnen** *130,* **gliedern** *147,* **zusammenfassen** *191*

übergehen/überleiten → ein Thema einleiten, Teilthemen abgrenzen
56, etwas vertiefen, auf etwas zurückkommen *74,* die Diskussion
strukturieren *82,* gliedern, verweisen / sich beziehen auf *84;*
gliedern *147*

überprüfen

- Das müssen wir wohl noch einmal prüfen.
- Einen Moment bitte, ich sehe mal eben nach.
- Warten Sie, das haben wir gleich!
- Wir haben dieses Gerät vollständig gecheckt *(ugs.)*.
- Ihren Namen bitte! *(am Empfang bei Reservierung / offizieller
  Einladung)*
- Ich wäre Ihnen dankbar, wenn sie das vielleicht noch einmal
  überprüfen könnten.
- Blüm, guten Tag, ich hätte   □ Gern, Herr Blüm, haben
  gern den aktuellen Stand   Sie vielleicht Ihre Kunden-
  meines Kundenkontos bei   nummer parat?
  Ihnen gewusst.

- Der Posten 05 wurde weder geliefert noch hatten wir ihn bestellt. Wir würden Sie daher um die nochmalige Prüfung Ihrer Rechnung vom 14. 07. bitten.
- Die Buchhaltung hat die Unterlagen für den Monat September mehrmals geprüft, konnte den Fehler bislang aber nicht finden.

S. a. nachfragen, etwas klären, die Verständigung sichern, ein Missverständnis aufklären, etwas berichtigen *73 f.*; **Bedenken äußern** *128*, **beruhigen** (auf Beschwerden reagieren) *132*, **bestätigen** *133*, **entschuldigen (sich)** *140*, **erklären** *141*, **korrigieren** *152*, **Missverständnisse klären** *155*, **vergewissern (sich)** *179*, **um Wiederholung bitten** *189*

Überraschung ausdrücken → **Erstaunen ausdrücken** *143*
Überzeugung ausdrücken → **Sicherheit/Unsicherheit ausdrücken** *169*
Unbekannte ansprechen → *9*, unbekannte Besucher ansprechen *93*; **ansprechen** *123*, **grüßen** *148*, **vorstellen** (sich) *184*

Ungeduld ausdrücken

- Verzeihen Sie, aber ich habe es sehr eilig!
- Wir können leider nicht länger warten!
- Es ist wirklich sehr dringlich!
- Diese Sache duldet keinen Aufschub.
- Können Sie abschätzen, wie lange es wohl noch dauern wird?
- Entschuldigen Sie bitte, wissen Sie schon, wie lange Sie noch brauchen werden?
- Geht es nicht etwas schneller/früher?

S. a. **auffordern** *125*, **beschweren (sich)** *133*, **bitten** *135*, **Prioritäten ausdrücken** *163*

Unmöglichkeit ausdrücken → **Möglichkeit/Unmöglichkeit ausdrücken** (negativ) *156*
Unsicherheit ausdrücken → **Sicherheit/Unsicherheit ausdrücken** *169*

unterbrechen

- Darf ich da kurz einhaken?

◼ Entschuldigung, darf ich Sie kurz unterbrechen?
◼ Verzeihen Sie bitte, bloß eine kurze Zwischenfrage: …
◼ Dazu hätte ich eine kurze Frage/Zwischenfrage: …
◼ Weil Sie gerade von … sprechen: Dazu hätte ich gerne gewusst,
  ob …

auf eine Unterbrechung reagieren
◼ Ja bitte?
◼ Einen Augenblick bitte, ich möchte den Gedanken noch kurz zu
  Ende führen.
◼ Gleich – darf ich das eben noch abschließen?
◼ Sofort. Geben Sie mir bitte noch eine Minute.

s. a. den Gesprächsverlauf steuern, an den Zeitplan erinnern *70*, unterbrechen, sich
gegen eine Unterbrechung wehren *75;* **korrigieren** *152*, **Missverständnisse klären** *155*,
überprüfen *173*, **Verständigung sichern** *181*

Unternehmen → sich mit Funktion und Firma vorstellen *8*, Firmenrundgang: ***Kap. 7, S. 46 ff.***, Präsentation: ***Kap. 8, S. 55 ff.***,
  Messe: ***Kap. 11, S. 93 ff.;*** **anbieten** (Informationen) *120*,
  präsentieren *161*, **vorstellen** *184*

unterscheiden

◼ Das ist ein großer Unterschied.
◼ Das spielt eine erhebliche Rolle.
◼ Das ist in meinem Heimatland doch etwas anders.
◼ Die Unterschiede könnten größer nicht sein.
◼ Der Unterschied beträgt immerhin 25 Prozent!
◼ Der englische „notary" beglaubigt im Wesentlichen nur Unter-
  schriften und ist daher nicht dasselbe wie der deutsche „Notar",
  der auch eine beratende Funktion hat.
◼ Das würde bedeuten, Äpfel mit Birnen zu vergleichen. *(idiom.
  Wendung, wenn zwei Sachen zu verschieden sind, um sinnvoll
  verglichen werden zu können)*
◼ Die kulturellen Besonderheiten beider Länder dürfen in den
  Wirtschaftsbeziehungen nicht vernachlässigt werden.
◼ Der Unterschied zwischen beiden Produkten liegt nicht nur im
  Preis, sondern auch in der Qualität.

- Komfortklimaanlage, Sitzheizung, Navigationssystem und Alufelgen: Das sind bei diesem Wagen die kleinen Extras gegenüber der Grundausstattung.

unterwegs → Reisen: *Kap. 3, S. 22 ff.;* **nach dem Weg fragen, den Weg beschreiben** *186*

Unwahrscheinlichkeit ausdrücken → Möglichkeit/Unmöglichkeit ausdrücken (negativ) *156*

Unzufriedenheit ausdrücken → Verärgerung/Unzufriedenheit/ Enttäuschung/Ablehnung ausdrücken *106;* **ablehnen** *118*, **Bedenken äußern** *128*, **Ungeduld ausdrücken** *174*, **vorwerfen** *185*, **werten** *187*, **widersprechen** *188*

Urlaub → Wohnen, Freizeit und Urlaub *33*

V

verabschieden (sich)

informell
- Tschüss! / Tschau! / Mach's gut! / (Ich) Wünsch dir was. *(ugs.)*
- Wiedersehen!
- Bis demnächst/bald/morgen!

formell
- Auf Wiedersehen, Herr Rausch!
- Es hat mich sehr gefreut. Bis zum nächsten Mal.
- Wir hören voneinander.
- Einen schönen Tag noch.
- Ich darf mich verabschieden!

als Besucher/Gast
- Vielen Dank für die Informationen! Sie hören dann von mir.

V

- Herzlichen Dank für Ihre Mühe, es war sehr interessant.
- Es hat mich gefreut, Sie kennenzulernen. Ich werde mich in den nächsten Tagen noch einmal bei Ihnen melden.
- Ich fürchte, ich muss jetzt leider gehen.
- Ganz herzlichen Dank für die Gastfreundschaft!
- Ich fand es sehr schön, dass wir uns einmal privat treffen konnten.
- Ich danke Ihnen ganz herzlich für die Einladung und hoffe, Sie bald einmal bei uns begrüßen zu können.

als Referent/Anbieter/Gastgeber
- Ich hoffe, es hat Ihnen (bei uns) gefallen!
- Herzlichen Dank für Ihren Besuch und Ihre Aufmerksamkeit!
- Wenn Sie keine weiteren Fragen haben, darf ich mich im Namen der Firma für Ihren Besuch bedanken.
- Ich würde mich freuen, bald einmal wieder von Ihnen zu hören!
- Es war schön, dass Sie da waren!
- Kommen Sie gut nach Hause und beehren Sie uns doch bald einmal wieder!

S. a. Begrüßung: *Kap. 1, S. 11 f.,* Dank, Aufbruch und Abschiedsformeln *28,* ein Telefongespäch beenden *43,* Rundgang in der Firma: Dank an die Besucher *52,* ein Thema/Referat abschließen *60,* Messe: sich verabschieden *97;* danken *136*

verallgemeinern

- Im Allgemeinen ist es so, dass …
- Ganz allgemein betrachtet, kann man sagen: …
- Das ist eigentlich so gut wie nie der Fall.
- Das kommt zwar hin und wieder vor, ist aber eher die Ausnahme.
- Im Großen und Ganzen können wir mit der Geschäftsentwicklung in diesem Jahr zufrieden sein.
- In aller Regel werden uns nur wenig Transportschäden gemeldet.
- Normalerweise gibt es keine Probleme bei der Zollabwicklung.

S. a. **Meinungen ausdrücken** *154*, **Möglichkeit/Unmöglichkeit ausdrücken** *155*,
Notwendigkeit ausdrücken *159*, **Veränderungen und Entwicklungen
beschreiben** *178*

Veränderungen und Entwicklungen beschreiben

- Betrachten wir die Entwicklung von 2008 bis 2012.
- Die Entwicklung weist eine leicht fallende Tendenz auf.
- Im Vergleich zum Vorjahr kann man … erkennen.
- Der Anteil der geringfügig Beschäftigten ist größer geworden.
- Der größte Teil des Umsatzes entfällt auf …
- Durchschnittlich / Im Durchschnitt ist/hat/beträgt …
- Der Rückgang der Stückkosten bedingt …
- Die Konsumentenpreise für … sind derzeit stabil.
- Der Absatz stagniert seit drei Jahren.
- Unser Marktanteil ist konstant geblieben.
- Die Produktion ist jährlich um zwei Prozent gestiegen.
- Der Verbrauch an Primärenergie muss weiter sinken!
- Die Statistik zeigt eine stetige Abnahme der Kaufkraft.

S. a. Zunahme/Abnahme schildern *57*, Veränderungen und Entwicklungen
aufzeigen *59*; **Neues ansprechen** *158*, **unterscheiden** *175*, **verallgemeinern** *177*,
vergleichen *179*

Verärgerung ausdrücken → Verärgerung/Unzufriedenheit/Enttäu-
schung/Ablehnung ausdrücken *106*; **ablehnen** *118*, **Bedenken
äußern** *128*, **Ungeduld ausdrücken** *174*, **vorwerfen** *185*, **werten**
187, **widersprechen** *188*
verbessern (sich/jemanden) → **korrigieren** *152*, **widersprechen** *188*
Verbindung → Reisen: eine Reise buchen *23*, Telefon: nach dem
Namen fragen, jemanden am Telefon verlangen, weiterverbinden,
Hilfe anbieten *38 f.*, (Störung der Verbindung:) Verständigung am
Telefon sichern *42*
verbieten → **erlauben** (Erlaubnis verweigern) *143*
vereinbaren → Termin: *Kap. 2, S. 16 ff.*; **annehmen** *122*,
Kompromiss finden *151*, **zustimmen** *193*

vergewissern (sich)

- Können Sie mir das schon verbindlich zusagen?
- Sagen Sie mir Bescheid, wenn Sie so weit sind?
- Kann ich mich da auf Sie verlassen?
- Unsere Unterlagen hierzu haben Sie erhalten?
- Können Sie mir die E-Mail-Adresse bitte kurz buchstabieren?
- „Meier" mit „e – i" oder mit „ a – i"?
- Den 16. 04. können Sie uns als Liefertermin also fest zusichern?
- Guten Tag, Frau Arndt, ich rufe nur an, um zu fragen, ob Sie mein Fax von letzter Woche erhalten haben?
- Ist Ihr Angebot vom Zweiten dieses Monats noch gültig?
- Können Sie mir Ihre Anfrage bitte noch einmal schriftlich zukommen lassen?
- Wären Sie bitte so freundlich und würden mir kurz schriftlich bestätigen, wenn unser Auftrag bei Ihnen eingegangen ist?

S. a. einen Termin bestätigen *16*, E-Mail- und Internetadressen am Telefon *40*, Verständigung am Telefon sichern *42*, nachfragen, etwas klären, die Verständigung sichern, ein Missverständnis aufklären, etwas berichtigen *73 f.*, unterbrechen *75*; **aktives Zuhören signalisieren** *119*, **bestätigen** *133*, **korrigieren** *152*, **Missverständnisse klären** *155*, **Sicherheit/Unsicherheit ausdrücken** *169*, **überprüfen** *173*, **unterbrechen** *174*, **Verständigung sichern** *181*, **um Wiederholung bitten** *189*, *Buchstabiertafel zum Telefonieren* *194*

vergleichen

- Das ist in etwa das Gleiche wie ...
- Das ist dasselbe in Grün. *(idiom. Wendung; so viel wie:* Die Unterschiede sind nur äußerlich und nicht wirklich wichtig.*)*
- Das kann man wohl nicht ganz vergleichen.
- So etwas Ähnliches gibt es in meinem Heimatland auch.
- Das ist bei uns ganz ähnlich / genauso / völlig anders.
- Der Umsatz beträgt immerhin 10 % mehr als letztes Jahr.
- Das entspricht ungefähr dem deutschen TÜV, also dem Technischen Überwachungs-Verein.
- In seinem Alter war ich bereits Abteilungsleiter.

- Wenn wir 5000 Stück bestellen statt 1000, haben wir zwar höhere Lagerkosten, sparen aber doppelt so viel durch die niedrigeren Frachtkosten und den höheren Rabatt.

Verhandlungen → ***Kap. 9, S. 64 ff.***, Konferenzen: ***Kap. 10, S. 79 ff.***; **beenden** *129*, **beginnen** *130*
Verkehrsverbindungen → **nach dem Weg fragen, den Weg beschreiben** *186*
verlangen → jemanden am Telefon verlangen *38*; **auffordern** *125*, **beauftragen** *127*, **bitten** *135*

vermuten

- Ich vermute / denke mal, …
- Vielleicht hat sich der Interessent inzwischen anders entschieden.
- Ich nehme an, Herr Neumann wird gleich kommen. Wenn Sie so lange Platz nehmen wollen?
- Voraussichtlich werden wir dieses Jahr weniger als zwei Prozent Wachstum erreichen.
- Ich könnte mir denken, dass die Sitzung noch bis tief in die Nacht dauern wird.
- Ich habe das Gefühl, dass die Chancen für einen Vertragsabschluss nicht schlecht stehen!
- Wahrscheinlich wird der neue Katalog erst im Herbst herauskommen.

verschieben → **aufschieben** *126*, **offenlassen** *159*
versichern → **bestätigen** *133*, **Sicherheit/Unsicherheit ausdrücken** *169*, **versprechen** *181*

V

Verspätung → einen Termin absagen/verschieben *17;* **bedauern** *128,* **entschuldigen (sich)** *140,* **Nachricht hinterlassen** *156*

versprechen

- Ich verspreche Ihnen, das heute noch zu erledigen.
- Da können Sie sich wirklich ganz auf mich verlassen.
- Wir werden unser Bestes geben! *(idiom. Wendung; so viel wie:* alles tun, was wir können*)*
- Dieser Fehler wird ganz sicher nicht noch einmal vorkommen!
- Um die Ausarbeitung des Einsatzplans werde ich mich persönlich kümmern.
- Über den Fortschritt der Arbeiten werde ich Sie weiterhin auf dem Laufenden halten. *(idiom. Wendung; so viel wie:* weiterhin informieren*)*
- Die Lieferung zum Ende des Monats kann ich Ihnen fest zusagen.
- Auf diesen Bildschirm leisten wir zwei Jahre Garantie.
- Was den Termin für die Fertigstellung betrifft, da können Sie mich beim Wort nehmen. *(idiom. Wendung; so viel wie:* Sie können sich auf mein Wort verlassen.*)*

S. a. **bedauern** *128,* **beruhigen** *132,* **bestätigen** *133,* **entschuldigen (sich)** *140,* **Sicherheit/Unsicherheit ausdrücken** *169*

Verständigung sichern

- Das heißt also, dass …
- Wenn ich Sie richtig verstanden habe, liefern Sie am …
- Können Sie das bestätigen?
- Mit anderen Worten: …
- Es bleibt also dabei, dass Sie …, ja?
- Können wir also damit rechnen, dass …?
- Können Sie das bitte etwas langsamer wiederholen? Ich verstehe noch nicht so gut Deutsch.
- Können Sie das vielleicht auf Englisch sagen?
- Entschuldigung, was bedeutet …?

am Telefon

- Wie bitte? Können Sie den letzten Satz bitte noch einmal wiederholen?
- Können Sie bitte etwas lauter/deutlicher sprechen?
- Können Sie das bitte buchstabieren?
- Sagten Sie gerade „Montag, den 4. 7."?
- Hallo, hören Sie mich noch?
- Was sagten Sie gerade? Die Leitung war gestört.

---

um Vertraulichkeit bitten

- Diese Informationen sind streng vertraulich.
- Behandeln Sie diese Hinweise bitte vertraulich.
- Das muss unter uns bleiben!
- Kann ich mich hier auf Ihre Diskretion verlassen?
- Das sollten wir in diesem Stadium besser noch nicht an die große Glocke hängen. *(idiom. Wendung; so viel wie:* nicht publik machen*)*

V

Visitenkarte → 9

vorschlagen

- Ich schlage vor, …
- Ich würde vorschlagen, dass wir …
- Unser Vorschlag hierzu wäre: …
- Ich könnte mir vorstellen, dass …
- Wie wäre es mit …?
- Wäre es nicht am besten, wenn man …?
- Was halten Sie von folgendem Vorschlag: …?
- Wären Sie damit einverstanden, wenn …
- Als Vorsitzenden schlage ich Herrn Wächter vor.
- Ich beantrage, im Bereich der Parkplätze deutlichere Warnschilder für Fußgänger anzubringen.

Termin

- Wäre Ihnen der 10. März recht?
- Wie sieht es bei Ihnen nächsten Mittwoch aus?
- Was halten Sie von Donnerstagvormittag?
- Donnerstag habe ich leider keine Zeit, aber wie wäre es am Freitag?
- Vormittags bin ich leider außer Haus, aber nachmittags ginge es.
- Der Dreizehnte *(Tag des Monats)* ist schon belegt, am Elften stünde ich zur Verfügung.

um Vorschläge bitten

- Was schlagen Sie vor?
- Darf ich um Vorschläge bitten?
- Wer möchte sich hierzu äußern?
- Haben Sie hierzu vielleicht eine Idee, Frau Tiller?
- Die Diskussion ist eröffnet, ich bitte um konstruktive Vorschläge dazu, wie wir unser Kommunikationsproblem am besten lösen könnten.

S. a. einen Termin vereinbaren/vorschlagen/bestätigen, Gegenvorschläge *16 f.,* einen Vorschlag machen, eine Lösung erarbeiten, einem Vorschlag zustimmen, einen Gegenvorschlag machen *71 f.,* einen Antrag stellen, jemanden/sich zur

Wahl stellen *88;* **ablehnen** (Vorschlag) *118,* **annehmen** (Vorschlag) *122,*
Gegenvorschlag machen *145,* **zustimmen** *193*

vorstellen

sich

- Guten Tag, ich heiße Burghardt.
- Mein Name ist Nußberger, Karl Nußberger.
  □ Angenehm, mein Name ist Fuchs.
- Guten Tag, ich bin die Nachfolgerin von Frau Grosser. Claudia Hartwig ist mein Name.
  □ Freut mich, Sie kennenzu-lernen, Frau Grosser. Ich bin Beate Fellner. Auf gute Zusammenarbeit!
- Ich heiße Köster und arbeite bei …
- Guten Morgen, Herr Fuchs. Mein Name ist Grünwald. Ich rufe an im Auftrag der Firma Salzhuber & Söhne und wollte mich bei Ihnen erkundigen, ob …

andere

- Ich möchte Ihnen meinen Kollegen, Herrn Manfred Eder, vorstellen.
- Frau Graf, darf ich Ihnen unseren Kollegen, Herrn Hennes, vorstellen? Er ist unser neuer IT-Spezialist.
- Darf ich Sie bekannt machen? Frau Dr. Hinrichs – Herr Karger.
- Das ist mein alter Schulfreund Matthias, Matthias Ackermann. Wir kennen uns seit dem ersten Schultag.
- Als ersten Referenten darf ich Herrn Professor Dr. Collberg vorstellen. Er wird über neue Formen der transatlantischen Zusammenarbeit im Bereich der Hochschul- und Berufsbildung sprechen.

etwas

- Als Erstes möchte ich Ihnen die heutige Tagesordnung vorstellen. Wir beginnen mit …
- Meine Damen und Herren, zunächst möchte ich ein paar Worte über unsere Firmengeschichte verlieren: Gegründet wurde sie von … im Jahre …

V

- Wir sind ein kleines Unternehmen in der Möbelbranche und haben uns auf Sonderwünsche und Einzelanfertigungen spezialisiert.
- Wir befinden uns jetzt in der Montagehalle. Hier sehen Sie …
- In unserem Sortiment haben wir Büroartikel für jeden Bedarf.
- Das Besondere an unserem Produkt ist, dass …
- Auf diesem Schaubild können Sie sehen …

Vorteile und Nachteile erörtern → **abwägen** *119,* **Kompromiss finden** *151,* **Präferenzen ausdrücken** *161*

Vortrag → Präsentation: *Kap. 8, S. 55 ff.,* Konferenzen: *Kap. 10, S. 79;* **beenden** *129,* **beginnen** *130,* **gliedern** *147,* **präsentieren** *161,* **vorstellen** *184*

vorwerfen

- Ich fürchte, das war ein Fehler!
- Das hätten Sie sich früher überlegen müssen.
- Was haben Sie sich denn dabei gedacht!
- Das hätten Sie wirklich nicht vergessen dürfen!
- Das haben Sie aber schon einmal besser gemacht.
- Dadurch haben wir kostbare Zeit verloren.
- Ich glaube, es wäre besser gewesen, wenn Sie das nicht getan hätten.
- Warum haben Sie mir denn nicht rechtzeitig Bescheid gesagt?
- Um ganz ehrlich zu sein: Ich verstehe wirklich nicht, wie Sie zu dieser Entscheidung kommen konnten.

Verärgerung/Unzufriedenheit/Enttäuschung/Ablehnung ausdrücken *105 f.*; **ablehnen** *188*, **Bedenken äußern** *128*, **beschweren (sich)** *133*, **Probleme ansprechen** *163*, **werten** *187*, **widersprechen** *188*

W

wählen → im Restaurant *29 ff.*, Gesprächsleitung und Protokoll bestimmen *67*, einen Antrag stellen, jemanden/sich zur Wahl stellen, abstimmen *88 f.*; **ablehnen** *118*, **annehmen** *122*, **beauftragen** *127*, **Präferenzen ausdrücken** *161*, **Prioritäten ausdrücken** *163*

Wahrscheinlichkeit ausdrücken → **Möglichkeit/Unmöglichkeit ausdrücken** *155*, **vermuten** *180*

warnen

- Vorsicht, Stufe!
- Achtung, hier ist es glatt!
- Das Einatmen dieser Dämpfe ist gesundheitsschädlich!
- Achten Sie bitte auf die Hochspannungskabel dort drüben!
- Sie sollten das besser ernst nehmen.
- Bei diesem Anbieter müssen Sie mit langen Lieferzeiten rechnen.
- Wenn sich nicht beide Seiten entgegenkommen, könnte es zu Streiks und Aussperrungen kommen.

S. a. Anweisungen und Sicherheit *47*, ein problematisches Thema/Verhalten ansprechen *101*, Tabuwörter vermeiden *104*, Probleme bei der Zusammenarbeit ansprechen *105*, Verärgerung/Unzufriedenheit/Enttäuschung/Ablehnung ausdrücken *106*; **auffordern** *125*, **aufmerksam machen** *125*, **erlauben** (Erlaubnis verweigern) *143*, **Probleme ansprechen** *163*

---

nach dem Weg fragen, den Weg beschreiben

fragen
- Guten Tag, ich suche die Wielandstraße.
- Entschuldigung, wo finde ich bitte das Deutsche Theater?

- Können Sie mir bitte sagen, wie ich zum Goetheplatz komme?
- Wissen Sie, welche U-Bahn zur Messe fährt?
- Wie komme ich am besten zum Rathaus? Mit dem Bus oder der S-Bahn?
- Wie lange dauert es mit dem Taxi zum Flughafen?

beschreiben
- Fahren Sie in dieser Richtung geradeaus und biegen Sie an der Ampel rechts ab.
- Gehen Sie immer geradeaus und biegen Sie bei der dritten Querstraße rechts ab.
- Gehen Sie bis zur Tankstelle und da sehen Sie es dann nach ca. fünfzig Metern schon auf der linken Seite.
- Zu Fuß ist das zu weit. Da fahren Sie besser vier Stationen mit der U-Bahn, bis „Messezentrum", und fragen dann noch einmal.

S. a. nach dem Weg und nach Verkehrsmitteln fragen, einen Weg beschreiben *22;*
fragen *145*

---

weiterverbinden (Telefon) → nach dem Namen fragen, jemanden am Telefon verlangen, weiterverbinden, Hilfe anbieten *38*
Werte → Zahlen und Fakten nennen *57,* Veränderungen und Entwicklungen aufzeigen *59*

werten

loben / gut finden
- Ausgezeichnet!/Hervorragend!
- Super!/Klasse!/Spitze! *(ugs.)*
- Ja, einverstanden!
- Das überzeugt mich!
- Das finde ich sehr gut!
- (Das ist) Ein guter Vorschlag!
- Ich bin sehr zufrieden mit ihrem Konzept.
- Ihre Idee ist ganz ausgezeichnet!
- Das haben Sie wirklich gut gemacht!

S. a. einem Vorschlag zustimmen, Lob und Anerkennung äußern *71;* **Meinungen**
ausdrücken *154,* **Präferenzen ausdrücken** *161,* **Prioritäten ausdrücken** *163*

abwerten / Geringschätzung ausdrücken

- Davon halte ich nichts.
- Davon bin ich nicht sonderlich überzeugt.
- Das begeistert mich nicht.
- Das taugt wirklich nichts.
- Das bringt einfach nichts.
- Dieses Produkt erfüllt unsere Erwartungen in keinster Weise!

S. a. **ablehnen** *118,* **vorwerfen** *185,* **widersprechen** *188,* **zustimmen** *193*

Wetter → *34*

---

widersprechen

- Auf keinen Fall!
- Das stimmt so nicht!
- Nein, das glaube ich nicht.
- Da habe ich doch so meine Zweifel.
- Das ist vielleicht doch keine so gute Idee.
- Ich weiß nicht, ob das so ganz richtig ist.
- Das sehe ich doch ganz anders!
- In diesem Punkt muss ich Ihnen leider widersprechen.
- (Es) Tut mir leid, aber da bin ich anderer Meinung.
- Bitte nehmen Sie es mir nicht übel, aber hier habe ich doch ganz andere Informationen.
- Das kann ich mir eigentlich nicht vorstellen.
- Das entspricht nicht ganz den Erfahrungen, die ich gemacht habe.

S. a. nicht einverstanden sein *71,* einen Gegenvorschlag machen, Bedenken/ Kritik äußern, mit Kritik nicht oder nur teilweise einverstanden sein *72 f.,* den Referenten ansprechen *86,* ein problematisches Thema/Verhalten ansprechen *101,* Tabuwörter vermeiden *104,* Probleme bei der Zusammenarbeit ansprechen *105,* Verärgerung/Unzufriedenheit/Enttäuschung/Ablehnung ausdrücken *106;* **ablehnen** *118,* **abwägen** *119,* **antworten** *124,* **Bedenken äußern** *128,* **beschweren (sich)** *133,* **bestätigen** *133,* **Meinungen ausdrücken** *154,* **Probleme ansprechen** *163,* **rechtfertigen (sich)** *165,* **Sicherheit/Unsicherheit ausdrücken** *169,* **werten** *187*

---

um Wiederholung bitten

- Wie bitte?
- Verzeihung, können Sie das bitte noch einmal wiederholen?
- Entschuldigung, wie war bitte noch einmal der letzte Satz?
- Können Sie bitte etwas lauter/deutlicher sprechen?
- Können Sie das bitte etwas langsamer wiederholen? Ich verstehe noch nicht so gut Deutsch.
- Können Sie das vielleicht auf Englisch wiederholen?
- Können Sie das bitte buchstabieren?
- Wären Sie so freundlich und würden Sie die wichtigsten Punkte noch einmal zusammenfassen?

S. a. Verständigung am Telefon sichern *42*, nachfragen, etwas klären, die Verständigung sichern *73*; **erklären** (um Erklärungen bitten) *142*, **Missverständnisse klären** *155*, **Verständigung sichern** *181*, **zusammenfassen** *191*

---

willkommen heißen → **grüßen** *148*

Wissen ausdrücken → **bestätigen** *133*, **Meinungen ausdrücken** *154*, **Möglichkeit/Unmöglichkeit ausdrücken** *155*, **Notwendigkeit ausdrücken** *159*, **Sicherheit/Unsicherheit ausdrücken** *169*, **vermuten** *180*

Wohnen → *33*

das Wort erteilen → *68*, *82*

wundern (sich) → **Erstaunen ausdrücken** *143*

Wünsche äußern → gute Wünsche und Grüße auftragen und ausrichten, sich mit guten Wünschen begegnen/verabschieden *12*, Konferenzen: Eröffnung, Programm *80*, Schlussformeln *90*, Glückwünsche: **Kap. 13, S. 110 ff.; beauftragen** *127*, **beenden** *129*, **Glückwünsche äußern** *147*, **grüßen** *148*, **Hoffnung ausdrücken** *150*, **Tischformeln und Trinksprüche** *172*, **verabschieden (sich)** *176*

Zahlen → Zahlen und Fakten nennen *57*, Veränderungen und Entwicklungen aufzeigen *59*

zahlen → **bezahlen** *134*
Zeit/Zeitplan → Small Talk: *Kap. 5, S. 32 ff.,* Agenda, Vorstellung
der Tagesordnung *19,* Agenda/Tagesordnung einer Sitzung/
Konferenz vorstellen, Ziele beschreiben, Dauer der Besprechung
65 f., den Gesprächsverlauf steuern, an den Zeitplan erinnern *70,*
Konferenz: Anmeldung, Registrierung, Zeit- und Ortsangaben *79,*
Tagesordnung und Zeitplan *81;* **beenden** *129,* **Termin** *171*

Ziele formulieren

- Ich möchte im Folgenden …
- Unser Ziel/Interesse hierbei ist es, …
- Gegenstand/Ziel/Zweck dieser Sitzung ist …
- Ich beabsichtige damit Folgendes: …
- Das langfristige Ziel unserer Strategie ist …
- Im Interesse ihrer Karriereplanung hat sie sich nach einem neuen
  Arbeitgeber umgesehen.
- Er hat vor, eine Gehaltserhöhung zu erreichen.
- Die Konzernspitze plant weitere Rationalisierungen.
- Diese Kampagne dient der internationalen Kommunikation
  unseres Produktes.
- Unsere Fortbildungskurse zielen darauf ab, … zu …

S. a. Tagesordnung und Zeitplan *81,* einen Antrag stellen/unterstützen/ablehnen *88;*
Ziele formulieren *190*

Zimmer → bei der Anmeldung / am Empfang *18,* Hotel: nach einem
Zimmer fragen, an der Rezeption *23;* **beschweren (sich)** *133*
zitieren → *85*
zulassen → **erlauben** *142*
Zufriedenheit ausdrücken → Small Talk: *Kap. 5, S. 32 ff.,* einem
Vorschlag zustimmen, Lob und Anerkennung äußern *71;*
Eindrücke beschreiben *138,* **werten** *187,* **zustimmen** *193*

zugeben

- Ich gebe zu, dass …
- Sie haben recht, das war nicht ganz korrekt von uns.

Z

- Ich muss zugeben, dass wir Sie hier nicht optimal informiert haben.
- Zugegeben/Zugestanden, das ist nicht ganz so gelaufen, wie wir uns das vorgestellt hatten.
- Es lässt sich selbstverständlich nicht leugnen, dass dieser Artikel ein völliger Flop ist!
- Ich sehe ein, dass wir im Bereich Qualitätskontrolle noch einige Defizite haben.
- Wir können natürlich nicht bestreiten, dass es bei diesem Projekt erhebliche Planungsfehler gab.

S. a. ein Missverständnis aufklären, etwas berichtigen *74*, auf Kritik reagieren, sich entschuldigen *106 f.*; **bedauern** *128*, **beruhigen** *132*, **bestätigen** *133*, **entschuldigen (sich)** *140*, **korrigieren** *152*, **rechtfertigen (sich)** *165*, **versprechen** *181*, **vorwerfen** *185*, **zustimmen** *193*

---

zusammenfassen

- Fassen wir also zusammen: ...
- Abschließend/Zusammenfassend/Insgesamt kann man wohl sagen, dass ...
- Lassen Sie mich unsere Ergebnisse folgendermaßen festhalten: ...
- Wir sind bei unserer Untersuchung jetzt zu folgendem Ergebnis gekommen: ...
- Ich habe mir nun also Folgendes notiert: ...

- Können wir den heutigen Stand unserer Verhandlungen fürs Protokoll jetzt folgendermaßen formulieren? ...
- Der Mehrheit der Beiträge zu diesem Thema entnehme ich die Auffassung, dass ...
- Die Hauptpunkte meines Vortrages sind: Erstens ... zweitens ... drittens ...
- Ich komme nun zum Ende meines Referats und möchte die wichtigsten Punkte noch einmal wiederholen.

S. a. ein Telefongespräch beenden 43, Beginn und Überblick 55, ein Thema/Referat abschließen 60, nachfragen, etwas klären, die Verständigung sichern 73, (Zwischen-)Ergebnisse zusammenfassen 76, Ergebnisse festhalten 83, einen Vortrag abschließen 85; **beenden** 129, **beginnen** 130, **gliedern** 147, **schließen/ schlussfolgern** 169, **Verständigung sichern** 181

Zuständigkeit klären

- Wenn Sie noch Fragen haben, wenden Sie sich bitte jederzeit vertrauensvoll an mich.
- Ihr Ansprechpartner in allen Servicefragen ist Herr Jürgen Wehner.
- Wer schreibt in dieser Firma eigentlich die Gebrauchsanweisungen für die Elektrogeräte?
- Wer ist bei Ihnen zuständig für Kundenreklamationen?
- Können Sie mich bitte mit jemandem von der Personalabteilung verbinden?
- Wenn Sie Probleme mit der Software haben, rufen Sie bitte folgende Hotline an: ...
- Mit der Packungsgestaltung habe ich eigentlich nichts zu tun, darum kümmert sich bei uns Frau Wondratschek.
- Die Urlaubsvertretung von Herrn Behrends übernimmt Frau Keller.
- Den Groß- und Zwischenhandel betreut Herr Müller-Klein.

S. a. sich mit Firma und Funktion vorstellen 8, andere vorstellen 9, jemanden am Telefon verlangen, weiterverbinden, Hilfe anbieten 38, Mitarbeiter und ihre Funktion vorstellen 48; **vorstellen** 184

Z

zustimmen

- Ja./Jawohl.
- Richtig!
- Das sehe ich genauso.
- Einverstanden! / In Ordnung! / Mit Vergnügen!
- Eine gute Idee!
- Ja, das passt mir ausgezeichnet.
- Gut, das können wir gerne versuchen.
- Dieser Antrag hat meine volle Unterstützung.
- Ich kann diesem Vorschlag nur zustimmen!
- Ich würde gerne den Vorschlag von Herrn Stegmüller aufgreifen, der in der letzten Sitzung für … plädiert hatte.

S. a. einen Termin bestätigen *16*, eine Einladung annehmen *25*, einem Vorschlag zustimmen, Lob und Anerkennung äußern *71*, einen Antrag unterstützen *88*; **annehmen** *122*, **bestätigen** *133*, **Komplimente machen** *151*, **Kompromiss finden** *151*, **Möglichkeit/Unmöglichkeit ausdrücken** *155*, **Präferenzen ausdrücken** *161*, **werten** *187*, **zugeben** *190*

zweifeln → **Bedenken äußern** *128*, **Sicherheit/Unsicherheit ausdrücken** *169*, **widersprechen** *188*
Zwischenfragen stellen → Exkurse, Fragen, Zwischenfragen *60*, unterbrechen *75*; **Interesse ausdrücken** *150*, **unterbrechen** *174*

Buchstabiertafel zum Telefonieren

	in Deutschland	international
A =	Anton	Amsterdam
Ä =	Ärger	
B =	Berta	Baltimore
C =	Cäsar	Casablanca
Ch =	Charlotte	
D =	Dora	Dänemark
E =	Emil	Edison
F =	Friedrich	Florida
G =	Gustav	Gallipoli
H =	Heinrich	Havanna
I =	Ida	Italia
J =	Julius	Jérusalem
K =	Kaufmann	Kilogramme
L =	Ludwig	Liverpool
M =	Martha	Madagaskar
N =	Nordpol	New York
O =	Otto	Oslo
Ö =	Ökonom	
P =	Paula	Paris
Q =	Quelle	Québec
R =	Richard	Roma
S =	Samuel	Santiago
Sch =	Schule	
T =	Theodor	Tripoli
U =	Ulrich	Uppsala
Ü =	Übermut	
V =	Viktor	Valencia
W =	Wilhelm	Washington
X =	Xanthippe	Xanthippe
Y =	Ypsilon	Yokohama
Z =	Zacharias	Zürich

accept annehmen *122*

einen Termin bestätigen *16*, eine Einladung *25*, einem Vorschlag zustimmen, Lob und Anerkennung äußern *71*, einen Antrag unterstützen *88*; **bestätigen** *133*, **Sicherheit/Unsicherheit ausdrücken** *169*, **versprechen** *181*, **zustimmen** *193*

accuse vorwerfen *185*

nicht einverstanden sein *71*, Bedenken/Kritik äußern *72*, ein problematisches Thema/Verhalten ansprechen *101*, Probleme bei der Zusammenarbeit ansprechen, Verärgerung/Unzufriedenheit ausdrücken *105* f.

address ansprechen *123*

Begrüßung etc.: **Kap. 1, S. 8 ff.**, die Bedienung *29*, den Referenten *86*, unbekannte Besucher *93*, die richtige Anrede *100*; **Anredeform** *122*

address conflicts, problems Probleme ansprechen *163*

Bedenken/Kritik äußern *72*, ein problematisches Thema/Verhalten ansprechen *101*, Sprachprobleme *102*, Tabuwörter vermeiden *104*, Probleme bei der Zusammenarbeit *105*, Verärgerung/Unzufriedenheit ausdrücken *106*
address so. in a formal manner siezen / Sie sagen → **Anredeform** *122*

address what's new Neues ansprechen *158*

nach dem Befinden fragen und reagieren *11*, Small Talk: **Kap. 5, S. 32**, Firmenrundgang: Produkte und Prozesse erklären, die Vorteile eines Produkts betonen *49* f., Messe: Informationen zu Firma und Produkten geben *94*

admit zugeben *190*

ein Missverständnis aufklären, etwas berichtigen *74*, auf Kritik reagieren, sich entschuldigen *106* f.
admit so. to the floor das Wort erteilen *68, 82*
agenda Agenda, Tagesordnung *19, 65* f., den Gesprächsverlauf steuern, an den Zeitplan erinnern *70*, Tagesordnung und Zeitplan *81*
agree einigen (sich), vereinbaren → Termin: **Kap. 2, S. 16 ff.; annehmen** (Vorschlag) *122*, **Kompromiss finden** *151*, **zustimmen** *193*
answer → **respond**
answer (at the phone) melden (sich) → am Telefon: *37*
answering machine (AM) Anrufbeantworter (AB) → Telefonieren: **Kap. 6, S. 40**

apologise, apologize *(am.)* **entschuldigen (sich)** *140*

einen Termin absagen/verschieben *17*, ein Missverständnis aufklären, etwas berichtigen *74*, kulturbedingte Missverständnisse ansprechen *104*, auf Kritik reagieren *106*, sich entschuldigen *107*
approach a stranger Unbekannte ansprechen *9*, unbekannte Besucher *93*; **ansprechen** *123*, **grüßen** *148*, **vorstellen** (sich) *184*
approve gut finden → **annehmen** *122*, **Komplimente machen** *151*, **werten** *187*, **zustimmen** *193*
argue argumentieren → **ablehnen** *118*, **abwägen** *119*, **Bedenken äußern** *128*, **begründen** *131*, **widersprechen** *188*
arrange (date) **ausmachen** (Termin) → **Kap. 2, S. 16 ff.**
ask (about/for) fragen, verlangen → nach gemeinsamen Bekannten *10*, nach dem Befinden *11*, nach dem Weg und nach Verkehrsmitteln *22*, nach einem Zimmer *23*, Fragen des Kellners *29*, Fragen an den Besucher *32*, Telefon: nach dem Namen fragen, jemanden am Telefon verlangen *38*, Fragen zu Produkten stellen *50*, Fragen an die Besuchergruppe *51*, Exkurse, Fragen, Zwischenfragen *60*,

bring up something **etwas ansprechen** → Exkurse, Fragen, Zwischenfragen *60*, ein Thema *64, 68, 101*, ein problematisches Thema/Verhalten *101*, Sprachprobleme *102*, kulturbedingte Missverständnisse, Probleme bei der Zusammenarbeit *104 f.*

business card **Visitenkarte** *9*

call *(am.)* **anrufen, telefonieren** → Telefonieren: *Kap. 6, S. 37 ff.*

call attention to **aufmerksam machen** *125*

Firmenrundgang: Begrüßung und Überblick, Anweisungen und Sicherheit *46 ff.*, Grafiken erläutern, eine PowerPoint-/PP-Präsentation durchführen, hinweisen, die Aufmerksamkeit auf etwas richten *56 f.*

call back **Rückruf** → Telefon: weiterverbinden, Hilfe anbieten, antworten, um einen Rückruf bitten, Anrufbeantworter (AB) und Mailbox *38 ff.*; **bitten** *135*, **Nachricht hinterlassen** *156*

call on so. **auffordern** *125*

um Dienstleistungen bitten *23*, im Restaurant *29 ff.*, zu Wortmeldungen auffordern, das Wort erteilen *68;*

call out **Durchsage** → **auffordern** *125*

call (a meeting) to order **für Ruhe/Ordnung sorgen** *167*

Agenda: *19, 65 f.*, Gesprächsleitung und Protokoll bestimmen *67*, das Thema eingrenzen, den Gesprächsverlauf steuern, an den Zeitplan erinnern *69 f.*, Eröffnung, Programm *80*, das Wort erteilen, die Diskussion strukturieren *82*, die Diskussion nach einem Referat leiten *86*

cancel **absagen** → einen Termin absagen *17;* **ablehnen** *118*

change the subject **ein neues Thema ansprechen** → Agenda, Vorstellung der Tagesordnung *19*, ein Thema einleiten, Teilthemen abgrenzen *56*, die Diskussion strukturieren *82*, ein Thema vorstellen *83*

check **überprüfen** *173*

nachfragen, etwas klären, die Verständigung sichern, ein Missverständnis aufklären, etwas berichtigen *73 f.*

cite **zitieren** *85*

clear up **klären** → Verständigung am Telefon sichern *42*, nachfragen, etwas klären, die Verständigung sichern, ein Missverständnis aufklären, etwas berichtigen *73 f.*; kulturbedingte Missverständnisse ansprechen, Probleme bei der Zusammenarbeit ansprechen *104 f.*; **erklären** *141*, **korrigieren** *152*, **Missverständnisse klären** *155*, **vergewissern (sich)** *179*, **überprüfen** *173*, **Verständigung sichern** *181*, **um Wiederholung bitten** *189*, **Zuständigkeit klären** *192*

close (a meeting) **für geschlossen erklären** → Eröffnung, Programm, formell/offiziell *80*, eine Versammlung beenden, formell/offiziell *89 f.*; **beenden** *129*

come to the point **zur Sache kommen** *168*

ein Telefongespräch beginnen *41*, ein Thema ansprechen, das Thema eingrenzen, den Gesprächsverlauf steuern, an den Zeitplan erinnern *68 ff.*, die Diskussion strukturieren *81*

comment **kommentieren** → **aktives Zuhören signalisieren** *119*, **bestätigen** *133*, **Meinungen ausdrücken** *154*, **werten** *187*

communicate changes **Änderungen mitteilen** → einen Termin absagen/verschieben *17*, Anrufbeantworter (AB) und Mailbox *40;* **Veränderungen und Entwicklungen beschreiben** *178*

compare **vergleichen** *179*

Länder *32*, Zunahme/Abnahme schildern *57*, Veränderungen und Entwicklungen aufzeigen *59*, Eindrücke/Erfahrungen/Beobachtungen beschreiben *102*, kulturbedingte Missverständnisse ansprechen *104*

complain beschweren (sich) *133*

im Restaurant: reklamieren *30*, ein problematisches Thema/Verhalten ansprechen *101*, kulturbedingte Missverständnisse ansprechen *104*, Probleme bei der Zusammenarbeit ansprechen *105*, Verärgerung/Unzufriedenheit ausdrücken *106*

compliment Komplimente machen *151*

einem Vorschlag zustimmen, Lob und Anerkennung äußern *71*, Glückwünsche: **Kap. 13, S. 110 ff.**

concede a point to so. recht geben → einverstanden sein *70*, auf Kritik reagieren, einverstanden sein, mit Kritik nicht oder nur teilweise einverstanden sein *72 f.;* **bestätigen** *133*, **korrigieren** (sich) *184*, **zugeben** *190*, **zustimmen** *193*

conclude schließen/schlussfolgern *169*

ein Thema/Referat abschließen *60*, (Zwischen-)Ergebnisse zusammenfassen *76*

conference/congress Besprechung, Konferenz/Kongress → Verhandlungen: **Kap. 9, S. 64 ff.**, Konferenzen: **Kap. 10, S. 79 ff.**

confirm bestätigen *133*

einen Termin *16*, Verständigung am Telefon sichern *42*, Eindrücke beschreiben *102*

connect (phone) **weiterverbinden** (Telefon) *38*

connection Verbindung → Reisen: eine Reise buchen *23*, Telefon: nach dem Namen fragen, jemanden am Telefon verlangen, weiterverbinden, Hilfe anbieten *38 f.*, Verständigung am Telefon sichern *42*

console trösten *173*

beruhigen *132*, Sicherheit/Unsicherheit ausdrücken *169*

coordinate abstimmen *88*

correct korrigieren *152*

nicht einverstanden sein *71*, einen Gegenvorschlag machen, Bedenken/Kritik äußern, mit Kritik nicht oder nur teilweise einverstanden sein *72 f.*, ein Missverständnis aufklären, etwas berichtigen *74*, ein problematisches Thema/Verhalten ansprechen *101*, Tabuwörter vermeiden *104*, Probleme bei der Zusammenarbeit ansprechen *105*, Verärgerung/Unzufriedenheit ausdrücken, auf Kritik reagieren *106;* **Missverständnisse klären** *155*, **widersprechen** *188*

count aufzählen → Beginn und Überblick *55*, (Zwischen-)Ergebnisse zusammenfassen *76*, Ergebnisse präsentieren *88;* **gliedern** *147*, **zusammenfassen** *191*

criticise, criticize *(am.)* **kritisieren** → nicht einverstanden sein *71*, einen Gegenvorschlag machen, Bedenken/Kritik äußern, mit Kritik nicht oder nur teilweise einverstanden sein *72 f.*, den Referenten ansprechen *86*, ein problematisches Thema/Verhalten ansprechen *101*, Tabuwörter vermeiden *104*, Probleme bei der Zusammenarbeit ansprechen *105*, Verärgerung/Unzufriedenheit ausdrücken, auf Kritik reagieren *106;* **ablehnen** *118*, **abwägen** *119*, **Bedenken äußern** *128*, **korrigieren** *152*, **Ungeduld ausdrücken** *174*, **vorwerfen** *185*, **werten** *187*, **widersprechen** *188*

culture Kultur → interkulturelle Konflikte: **Kap. 12, S. 100 ff.**

customer Kunde → Messe: als Kunde das Gespräch beginnen, den Kunden befragen *94*, Fragen des Kunden *95*, Kundenbetreuung und Einladung *97;* **anbieten** *120*, **ansprechen** *123*, **einladen** *138*, **grüßen** *148*, **verabschieden (sich)** *176*

date Datum, Termin → **Kap. 2, S. 16,** Verhandlungen abbrechen, vertagen *76;* **ablehnen** *118*, **annehmen** *122*, **aufschieben** *126*, **bestätigen** *133*, **bitten** *135*, **Gegenvorschlag machen** *145*, **Termin** *171*, **vergewissern (sich)** *179*, **vorschlagen** *183*, **zustimmen** *193*

demonstrate demonstrieren → **aufmerksam machen** *125*, **erklären** *141*, **präsentieren** *161*, **vorstellen** *184*

evade   ausweichen → eine Antwort offenhalten, eine Entscheidung vertagen *43;* **antworten** *124,* **aufschieben** *126,* **offenlassen** *159*

Verständigung am Telefon sichern *42,* ein Telefongespräch beenden *43,* Firmenrundgang: *Kap. 7, 48 ff.,* Präsentation: *Kap. 8, 55 ff.,* Agenda/Tagesordnung einer Sitzung/Konferenz vorstellen, Ziele beschreiben *65,* nachfragen, etwas klären, die Verständigung sichern, ein Missverständnis aufklären, etwas berichtigen, etwas vertiefen, auf etwas zurückkommen *73 ff.,* Messe: *Kap. 11, 94 ff.*

explain the premises   Räumlichkeiten erklären *48*

express alternatives   Alternativen ausdrücken → **Möglichkeit/Unmöglichkeit ausdrücken** *155*

express an intention   Absicht ausdrücken → **Ziele formulieren** *190*

express annoyance   Ärger, Verärgerung ausdrücken *106;* **ablehnen** *118,* **Bedenken äußern** *128,* **Ungeduld ausdrücken** *174,* **vorwerfen** *185,* **werten** *187,* **widersprechen** *188*

Eindrücke beschreiben, Länder vergleichen *33*

negative → kulturbedingte Missverständnisse ansprechen, Probleme bei der Zusammenarbeit ansprechen, Verärgerung/Unzufriedenheit ausdrücken *104 ff.*

Bedenken/Kritik äußern *72,* allgemeine Redewendungen bei Diskussionen *82*

Bedenken/Kritik äußern, mit Kritik nicht oder nur teilweise einverstanden sein *72 f.*

sich mit guten Wünschen begegnen/verabschieden, auf gute Wünsche reagieren *12,* **Kap. 13, S. 110 ff.**

express contempt   Geringschätzung ausdrücken → **ablehnen** *118,* **werten** *187,* **widersprechen** *188*

express conviction   Überzeugung ausdrücken → **Sicherheit/Unsicherheit ausdrücken** *169*

gute Wünsche und Grüße auftragen und ausrichten, sich mit guten Wünschen begegnen/verabschieden *12*

express impossibility → **Möglichkeit/Unmöglichkeit ausdrücken** (negativ) *156*
express improbability → **Möglichkeit/Unmöglichkeit ausdrücken** (negativ) *156*

express insecurity → **Sicherheit/Unsicherheit ausdrücken** *169*

express (an) interest   Interesse ausdrücken *150*

Fragen zu Produkten stellen *50,* Exkurse, Fragen, Zwischenfragen *60,* den Referenten ansprechen *86,* Messe: als Kunde das Gespräch beginnen *94,* Interesse ausdrücken *96*

express knowledge   Wissen ausdrücken → **bestätigen** *133,* **Meinungen ausdrücken** *154,* **Möglichkeit/Unmöglichkeit ausdrücken** *155,* **Notwendigkeit ausdrücken** *159,* **Sicherheit/Unsicherheit ausdrücken** *169,* **vermuten** *180*

express likes/dislikes   Gefallen/Nichtgefallen ausdrücken → **ablehnen** *118,* **Eindrücke beschreiben** *138,* **Meinungen ausdrücken** *154,* **Probleme ansprechen** *163,* **werten** *187*

204

Quellenverzeichnis

Alle Karikaturen: CCC, Cartoon-Caricature-Contor, www.c5.net